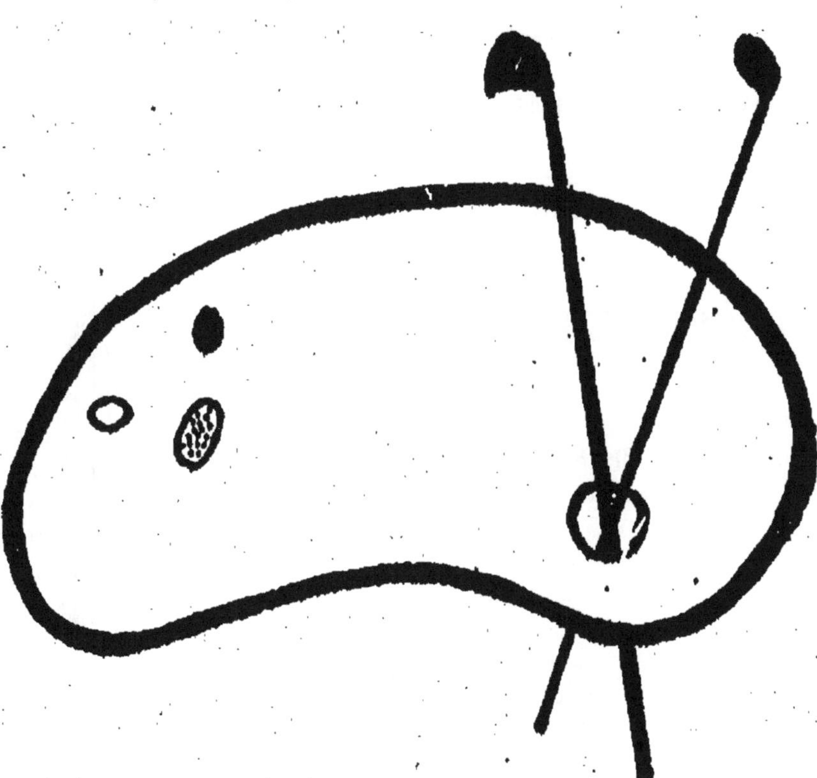

DEBUT D'UNE SERIE DE DOCUMENTS
EN COULEUR

MINISTÈRE DE L'AGRICULTURE ET DU COMMERCE.

EXPOSITION UNIVERSELLE INTERNATIONALE DE 1878
À PARIS.

RAPPORTS DU JURY INTERNATIONAL.

GROUPE II. — CLASSE 7.

L'ENSEIGNEMENT SECONDAIRE,

PAR

M. ÉMILE CHASLES,

INSPECTEUR GÉNÉRAL DE L'INSTRUCTION PUBLIQUE.

PARIS.

IMPRIMERIE NATIONALE.

M DCCC LXXXII.

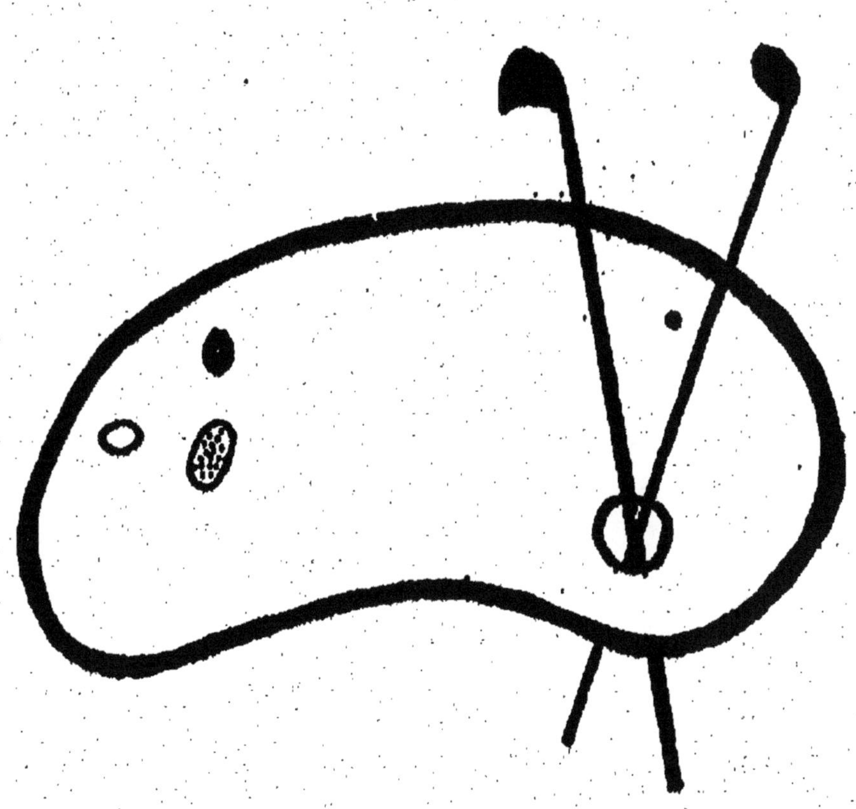

FIN D'UNE SERIE DE DOCUMENTS
EN COULEUR

RAPPORT

SUR

L'ENSEIGNEMENT SECONDAIRE.

MINISTÈRE DE L'AGRICULTURE ET DU COMMERCE.

EXPOSITION UNIVERSELLE INTERNATIONALE DE 1878
A PARIS.

GROUPE II. — CLASSE 7.

RAPPORT

SUR

L'ENSEIGNEMENT SECONDAIRE,

PAR

M. ÉMILE CHASLES,
INSPECTEUR GÉNÉRAL DE L'INSTRUCTION PUBLIQUE.

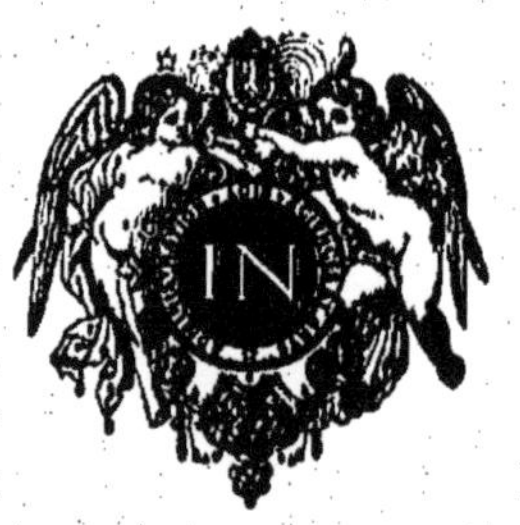

PARIS.
IMPRIMERIE NATIONALE.

M DCCC LXXXII.

RAPPORT

SUR

L'ENSEIGNEMENT SECONDAIRE.

COMPOSITION DU JURY.

MM. ALVIN, *président*, conservateur en chef de la Bibliothèque royale, membre de l'Académie royale de Belgique. . . . . } Belgique.

DUBIEF, *vice-président*, directeur de l'institution libre de Sainte-Barbe, membre du Conseil supérieur de l'instruction publique, membre du comité d'admission à l'Exposition universelle de 1878. . . . . } France.

CHASLES (Émile), *secrétaire*, inspecteur général de l'instruction publique, membre du comité d'admission à l'Exposition universelle de 1878. . . . . } France.

JOHN D. PHILBRICK, L. L., ancien intendant en chef de l'instruction publique de la ville de Boston. . . . . } États-Unis.

LUZZATTI, député. . . . . } Italie.

le docteur BAUER (A.), professeur à l'École polytechnique de Vienne. . . . . } Autriche-Hongrie.

CARNOT, ingénieur des mines, professeur à l'Institut agronomique et à l'École nationale des mines. . . . . } France.

GODARD, directeur de l'École Monge, membre du comité d'admission à l'Exposition universelle de 1878. . . . . } France.

QUET, *suppléant*, inspecteur général de l'instruction publique, membre du comité d'admission à l'Exposition universelle de 1878. . . . . } France.

DE SALVANDY, *suppléant*, ancien député, membre des comités d'admission et d'installation à l'Exposition universelle de 1878. . . } France.

CARACTÈRE GÉNÉRAL DE L'EXPOSITION DE LA CLASSE 7.
HÉSITATIONS DES EXPOSANTS. — RÔLE DU JURY.

Pour la première fois, en 1878, une grande place a été faite dans une exposition à tous les services et à toutes les sections de l'instruction publique. La classe 6 du groupe II devait représenter l'enseignement primaire; la classe 7, l'enseignement secondaire; la classe 8, l'enseignement supérieur. Cette division très simple correspondait et correspondra toujours à trois degrés essentiellement distincts de la vie scolaire; il y avait donc lieu de croire qu'elle serait comprise et adoptée par tous les pays étrangers, ceux-ci ayant déjà consacré la même répartition des groupes d'études, par exemple sous les trois noms de *Volkschule*, *Mittelschule* et *Hochschule*.

Il en a été autrement. Presque tout le monde a hésité sur la nature des envois qu'il fallait destiner à la classe de l'enseignement secondaire. Pourquoi? C'est que depuis quinze ou vingt ans, le domaine, pacifique en apparence, de l'enseignement moyen est devenu, sans qu'on s'en rende bien compte, tantôt un champ de bataille, tantôt un champ d'expériences, non seulement chez nous, mais dans le monde entier. Les besoins nouveaux, l'accélération des rapports entre les peuples, la nécessité de vivre vite, la pression d'un siècle de vapeur et d'électricité sur toutes les carrières, ont troublé profondément l'antique organisation des études. Le vieil et solide édifice de l'enseignement classique n'a pas été renversé, mais il a subi de rudes assauts; les opinions des réformateurs se sont fait jour avec assez de puissance pour tout mettre en question. Aujourd'hui nous sommes dans une époque de transition; c'est pourquoi l'on ne s'est plus entendu, au moment de l'Exposition universelle, sur le sens même et la valeur de ces mots : *instruction secondaire*. Ils ne répondaient plus, en 1878, à un objet déterminé. Les uns n'y voyaient que le système des classes de latin et de grec telles qu'elles se faisaient en France vers 1845 : ceux-là n'ont presque rien envoyé. Les autres, au contraire, y faisaient rentrer tout ce qui peut être enseigné à des élèves de douze à vingt ans, toutes les applications des sciences, tous les cours industriels, tous les travaux d'adultes, etc. : ceux-ci nous ont envoyé une infinie variété de choses.

Nous nous sommes trouvés sur un terrain mouvant, tantôt réduit à rien, tantôt immense, indéfini, sans fond ni rive : situation caractéristique, parce qu'elle révèle un état général de l'opinion, auquel on ne croirait guère si l'on en jugeait par la presse et par les assemblées. Là, en effet, il semble que la politique n'ait d'yeux et d'oreilles que pour l'enseignement primaire et ses progrès. De fait, l'enseignement secondaire a été, dans le même temps, le théâtre de changements profonds et l'objet de discussions importantes, cela en tout pays et dans toutes les classes sociales, parmi les hommes d'étude qui savent que l'instruction veut du temps et de solides principes, parmi les hommes de pratique qui demandent à l'enseignement un caractère plus contemporain, et parmi les réformateurs sociaux qui, pour métamorphoser les peuples, prétendent faire table rase de l'ancien enseignement secondaire.

Ainsi s'est-il produit à l'Exposition des faits singuliers et contradictoires, qu'il faut signaler ici et préciser, malgré l'aridité du sujet.

Le premier fait est que rien absolument ne fut envoyé au Champ de Mars pour l'enseignement secondaire par certaines nations, ce qui annulait, pour ainsi dire, la classe 7, dès le début de l'Exposition. Le second fait est que, tout au contraire, à la fin de l'Exposition, on renvoya tant de choses à la classe 7, qu'elle se trouva l'une des plus surchargées.

Que l'on ait mal compris l'objet de la classe 7, la seule rédaction des catalogues le prouve. Le catalogue autrichien paraît assez rempli au chapitre de l'enseignement secondaire ; mais regardez-y de près : il substitue involontairement l'enseignement spécial à l'enseignement classique. Le catalogue de la Hongrie consacre plus de trente pages à l'enseignement primaire ou supérieur, il oublie presque le secondaire auquel il n'accorde que dix lignes. La Suède n'envoie et ne mentionne qu'un article. La Norwège et le Danemark ne consacrent pas un seul article à cette classe. L'Angleterre la supprime systématiquement : ni envois ni mention au catalogue.

Gr. II.
—
Cl. 7.

Que plus tard la classe 7 soit devenue aussi importante et aussi chargée de travail qu'elle semblait d'abord devoir être incomplète, cela est tout naturel. Détruire ou diminuer l'enseignement moyen est chose impossible ; peut-être même est-ce dans la période moyenne que l'enseignement a son vrai caractère. Lorsqu'on examine les détails de la vie scolaire, lorsqu'on cherche où est le véritable élève, celui dont l'intelligence conspire avec celle du maître, on s'aperçoit qu'il y a entre l'enfant qui débute à l'école primaire et le jeune homme déjà indépendant qui travaille dans les facultés, un élève pour lequel l'enseignement est ce qu'il doit être, à savoir une doctrine. Au delà de la leçon du premier âge, en deçà de la recherche déjà libre de l'âge supérieur, il y a la théorie sérieuse, de plus en plus sévère, passant du concret à l'abstrait, dominant les applications par les principes, spéculative d'abord, féconde ensuite : ainsi se fait l'éducation graduelle, et chaque jour plus haute, de la pensée humaine. Le vrai foyer de l'enseignement est dans cette période secondaire qu'il faut traverser pas à pas pour devenir capable et fort.

Tous les pays ont vu cette vérité depuis longtemps ; quelques-uns, pour cela même, ont considéré l'enseignement secondaire comme un organisme essentiel et connu qui n'est plus à exposer. Mais tous possèdent chez eux des administrations chargées de veiller aux destinées de l'enseignement secondaire ; les Rapports de ces administrations ont été envoyés au Jury, et alors la classe 7, qui était si pauvre, a commencé à s'enrichir. Aux Rapports on a joint des tableaux nombreux de statistique scolaire, puis des programmes, des projets, des livres entiers, des collections, des bibliothèques. Ensuite on a ramené à la classe 7 les parties du dessin, de la musique, de la gymnastique, qui intéressent l'âge moyen. Les matières générales se sont subdivisées. Ce ne fut pas tout. Les collectivités se décomposaient peu à peu ; les personnes se dégageaient des corporations ou des administrations. Les bibliothèques se transformaient en méthodes individuelles qu'il fallait apprécier, enfin tous les enseignements nouveaux se rapportant à la période moyenne de la vie scolaire sont venus réclamer leur place dans la classe 7 ; les écoles professionnelles ou techniques surtout ont

voulu représenter la branche la plus riche de l'enseignement secon- Gr. II.
—
Cl. 7.
daire. Les écoles d'arts et métiers, de dessin industriel, d'enseignement agricole secondaire, étaient entrées en lice. Il s'y est joint les lycées de jeunes filles; bref la classe 7 a été débordée. La tâche du Jury, restreinte d'abord, est devenue impossible.

Le Jury, qui avait à juger des institutions d'enseignement, s'est alors renfermé dans son rôle. Lorsqu'il a été conduit, par son travail même, à juger les livres, les méthodes, les auteurs, il s'est récusé. Non seulement l'examen de ces œuvres était indéfini, mais encore il comportait, pour être juste, tout un travail préliminaire consistant à lire à fond, à résumer par écrit, à apprécier comparativement et contradictoirement des milliers de volumes. Ce travail eût exigé plusieurs années. Les commissions permanentes qui jugent les ouvrages destinés à être donnés comme livres de lecture ou de prix fonctionnent depuis vingt ans et n'avancent qu'avec une extrême lenteur; elles ont accompli une tâche très utile, trop méconnue, mais toujours à recommencer. Que serait-ce si, dans le tumulte d'une exposition, on venait juger en quelques mois des ouvrages composés sur toutes les matières, *de omni re scibili!* Comment trouver dans un modeste jury la prétention ou la compétence nécessaire pour apprécier sûrement, dans tous les ordres des connaissances humaines, la valeur véritable de tant de recherches diverses? Comment encore espérer qu'on satisferait, même approximativement, les auteurs de ces ouvrages qui tous les ont écrits parce qu'ils croyaient à ce qu'ils écrivaient, et qui, en qualité de croyants, sont plus ou moins convaincus de l'excellence de leur œuvre? Plus d'un avoue avec une sincérité absolue qu'il pense « mériter la plus haute récompense dont un gouvernement puisse disposer ». Le Jury, qui ne partageait pas toujours ces convictions, respectait du moins les hommes de labeur auxquels il avait affaire. Il n'entendait pas *donner des places* à des hommes faits, à des vétérans de la science, à des maîtres illustres, ni à l'armée entière des professeurs qui ont essayé d'écrire. Il a déclaré dès le principe qu'il s'abstiendrait de juger une à une chaque méthode.

A son tour le rapporteur doit renoncer à s'occuper ici de tous les exposants ; il doit résumer deux choses : 1° ce qu'était en 1878 l'exposition de l'enseignement secondaire ; 2° ce qui en résulte pour l'avenir.

RÉSULTATS DE L'EXPOSITION DE LA CLASSE 7.

L'Exposition de 1878 nous a donné le tableau d'une transformation de l'enseignement secondaire. C'est là son caractère le plus saillant. Si les divers peuples n'ont pas été d'accord sur le mot *secondaire*, c'est que la chose même a changé d'aspect et peut-être de nature. Si l'Exposition n'a pas été harmonique, méthodique et complète, c'est que les programmes scolaires ont été ou dérangés ou débordés par l'introduction d'éléments nouveaux. Ces éléments, on le devine, appartiennent tous à l'enseignement professionnel ou pratique ; peu à peu ils sont venus se loger entre les diverses sections traditionnellement reconnues de l'instruction publique. Les uns, sous le nom d'instruction primaire supérieure, atteignent et envahissent le département de l'enseignement secondaire. Les autres viennent au contraire de l'enseignement supérieur que l'on veut préparer de loin et qui prend son point de départ dans la période même de l'éducation moyenne. Cette double poussée, qui menace d'en haut et d'en bas le paisible royaume des études classiques, tend à effacer les limites, et en tous cas il s'est déjà fait un déplacement visible des enseignements.

Aujourd'hui on se demande si la hiérarchie des institutions scolaires est en accord avec l'organisation sociale. Les réponses sont très diverses ; il se produit des divergences notables et des discordances nombreuses, surtout dans une exposition, qui est une arène ouverte. Nous ne faisons nullement difficulté de le reconnaître, notre classe offrait plus de disparate qu'aucune autre. Les doutes s'y manifestaient à toute heure sur l'attribution des objets, sur les répartitions faites, sur le rapport des mots et des choses. Non seulement nous ne dissimulons pas ce désordre, mais nous le signalons comme une conséquence caractéristique d'un état intéressant à étudier. C'est une erreur assez commune de reprocher à une exposition les tâtonnements et les doutes. Une exposition qui présenterait un ordre parfait, des classements irréprochables et des dénominations définitivement acceptées serait un musée, réunissant des objets qui appartiennent au passé. Mais si elle prétend nous montrer le présent, le mouvement du siècle, la vie d'aujourd'hui, et surtout la tendance des idées contemporaines et nouvelles, alors elle introduit dans ses cadres des éléments qui brisent les cadres; la fermentation de ces éléments vient troubler l'ordre, mettre les mots en question, susciter des doutes et désorienter les classificateurs.

C'est ce qui s'est produit à l'Exposition de 1878, où se manifesta, au sujet de l'enseignement secondaire, une divergence vigoureuse; nous la constatons sans la prendre pour de l'incohérence, et nous allons en tirer peut-être bien des éclaircissements sur le caractère de chaque exposition, comme sur l'avenir de l'enseignement.

Mais auparavant il faut marquer ici et d'avance à quels résultats nous a conduits l'exposition de la classe 7.

Elle a eu deux résultats essentiels : le premier a été d'établir l'étroite solidarité de l'industrie et de l'école; le second, de manifester les transformations actuelles ou prochaines de l'enseignement secondaire.

La solidarité qui existe entre l'école et l'industrie avait son expression dans la salle où l'on avait réuni tout exprès les livres et les noms des maîtres tels que les Chevreul, les Pasteur, les Sainte-Claire Deville, qui ont révolutionné le monde de la fabrication. C'était une pensée hardie que de jeter, au milieu de ces galeries ouvertes à tous les chefs-d'œuvre du travail, la collection des livres classiques qui contiennent le premier et le plus fécond des travaux, celui de la pensée : l'élaboration initiale, l'effort préliminaire, l'œuvre des laboratoires et des cours a enfanté les œuvres de la main et de l'industrie. On voulut donc rappeler, représenter et symboliser cette relation de l'usine et du laboratoire d'école en créant la *Bibliothèque du corps enseignant* et en l'implantant au milieu des « curiosités » de l'Exposition.

Cette entreprise fit d'abord sourire : elle était nouvelle. Pour la première fois on voyait, à côté de la découverte appliquée, la théorie même de la découverte scientifique; près de la machine en marche, le livre renfermant la formule de *mécanique* qui est le véritable propulseur. Les passants, qui contemplaient avec orgueil les merveilles de l'industrie, apprenaient que si l'industrie transforme le monde, la moindre théorie nouvelle et vraie transforme l'industrie, et que cette théorie tient en quelques pages dans un pauvre volume écrit par un jeune professeur, inconnu hier, célèbre aujourd'hui, lequel a débuté en travaillant comme il pouvait dans les laboratoires imparfaits d'un modeste lycée. Vérités élémentaires pour nous et qui ne sont pas à démontrer, mais beaucoup moins répandues qu'on ne le suppose parmi la foule des visiteurs d'une exposition! Il a fallu cette muraille de livres, cette suite de publications, cette armée de reliures rouges et de noms savants, pour rappeler à plus d'un la progression des travaux d'école à côté des progrès du travail d'atelier.

Il est vrai que la *Bibliothèque* fut très incomplète et ne pouvait pas contenir tout ce qui a été dit ou tenté dans l'enseignement. Il est vrai aussi que l'on y a placé les travaux des professeurs de lettres à côté de ceux des professeurs de sciences, et cela longtemps avant que l'on ne puisse *exposer* à tous l'influence profonde des œuvres dites littéraires sur le développement d'une nation; le jour n'est pas venu où le public comprendra l'action d'un travail de philosophe sur la destinée d'un peuple, ni l'utilité qu'il y a, pour former des citoyens, à leur faire lire, dans Tite-Live, comment Rome a grandi, et dans Tacite, comment Rome est tombée. Mais c'est assez pour aujourd'hui que nous soyons témoins de ce qui s'est passé à l'Exposition, où chaque jour on est venu (en petit nombre, mais venu) consulter la *Bibliothèque*.

Par exemple, les visiteurs qui s'étonnaient de voir fabriquer la glace sous leurs yeux et demandaient des explications étaient renvoyés aux livres des professeurs de chimie; on leur expliquait que dans tel numéro d'une *Revue* suisse, daté de janvier 1875, il y avait un travail neuf de M. Raoul Pictet. On l'invitait à lire la conférence de ce professeur sur la liquéfaction des gaz et à se rendre compte des procédés qui allaient peut-être demain changer de fond en comble les conditions, par exemple, des usines de distillateurs. Ces derniers mots faisaient dresser l'oreille aux intéressés. Ils vou-

laient en savoir davantage sur l'art de distiller ou de rectifier les
alcools par des froids énergiques. Sans pouvoir suivre la leçon
ni saisir les applications diverses du principe, ils essayaient de le
faire, et en tous cas ils formulaient eux-mêmes cette vérité comme
nouvelle, que les millions du monde industriel, ceux que l'usine
demande à l'emprunt, ceux qu'elle apporte comme rendement,
dépendent aujourd'hui du laboratoire d'un professeur. Ainsi s'éta-
blissait le courant qui portait les gens à passer de l'endroit « où
l'on fait la glace » à l'endroit où l'on apprend à la faire, c'est-à-dire
au foyer de l'enseignement. A des exemples et à des évidences comme
les faits que nous signalons on en ajoutait d'autres; on rappelait
que plus loin tel professeur utilisait la chaleur solaire pour la
cuisson des aliments; que tel autre, en colorant les légumes au
moyen d'un simple suc végétal, détruisait le préjugé répandu contre
l'emploi du cuivre dans cette coloration et rendait à la France le
commerce des conserves alimentaires. On parlait des industries qui
meurent et de celles qui naissent; d'un département, comme le
Gard, perdant d'un seul coup ses trois sources de fortune : la ga-
rance, la magnanerie et la vigne; d'une province, comme l'Italie du
Nord, retrouvant au contraire la sériciculture, la verrerie, la dentelle, grâce à quelques modestes ateliers d'enseignement : alors on
respectait l'école; elle apparaissait comme le cheval de Troie qui
porte des guerriers dans ses flancs.

Tel est le premier résultat de l'exposition scolaire de 1878,
résultat général, il est vrai, et dans lequel les trois sections peuvent
réclamer chacune leur part.

En nous renfermant dans la classe 7 et nous bornant à l'enseignement secondaire, nous trouvons un résultat spécial de cette
exhibition peu complète et très mélangée : il en ressort, comme
nous l'avons dit, que l'enseignement secondaire se transforme et
qu'il est le théâtre d'une lutte entre les idées dites classiques et les
programmes appelés techniques, lutte plus grave qu'elle n'en a l'air,
car elle décidera de l'avenir. Aussi devons-nous ici la caractériser
et la définir rapidement et nettement.

LUTTE OU COMBINAISON DE DEUX ENSEIGNEMENTS SECONDAIRES,
DE 1867 À 1877.

Tout ce qui a été exposé dans la classe 7, soit par la France, soit par l'étranger, se ramène, qu'on le veuille ou non, soit à l'enseignement secondaire classique, soit à l'enseignement que j'appellerai, faute d'un nom plus exact, enseignement secondaire technique. Entre eux s'est établie une lutte, par eux s'est manifestée une divergence qui s'étend à toutes choses; ils paraissent d'ailleurs irréconciliables dans leurs principes, le premier s'élevant toujours dans le domaine de la science pure, des études spéculatives et des lettres supérieures, le second, au contraire, se développant par les applications pratiques et modernes de la science vers le monde réel, et gagnant en étendue ce qu'il perd en élévation.

Sous le nom d'enseignement technique se rassemblent toutes les variétés de l'enseignement appliqué qui s'adressent soit aux élèves de nos lycées, soit aux adultes du même âge. On les a appelées de noms divers, sans pouvoir en trouver un qui convînt absolument à ce qu'on voulait dire : *enseignement spécial, enseignement professionnel, enseignement pratique.* En généralisant, on a fondé l'*enseignement polytechnique* ou l'enseignement *philomathique*. En spécialisant, on a développé l'*enseignement commercial* ou l'enseignement *industriel.* A l'étranger, où le même mouvement existe, parce que le même problème préoccupe tous les peuples, on a trouvé d'autres dénominations. L'Allemagne a son école réelle, *Real Schule;* l'Italie, son *Instituto tecnico.* Chaque nom comme chaque système pèche par quelque endroit. C'est précisément le caractère des mouvements d'opinion et des fondations humaines que ce tâtonnement des premiers essais et du langage même.

De toutes parts, de la France et de l'Amérique, de l'Italie et du Japon, une voix s'élève qui demande quelle éducation il faut donner à ces populations nombreuses qui sont émancipées, qui doivent être instruites et qui ne peuvent pas l'être d'après le système d'études réservé à l'élite des esprits. Tout le monde est d'accord sur la nécessité de l'instruction primaire, devenue un droit et un devoir. Mais au delà de l'instruction primaire, il y a un degré de développement qui n'est pas défini ; il faut armer pour la bataille de la vie une foule d'intelligences auxquelles il ne suffit pas de savoir lire, écrire et calculer ; il faut inaugurer, organiser et régler un enseignement primaire supérieur ou un enseignement secondaire technique qui fournisse à l'industrie et au commerce des contremaîtres, des comptables, des employés de plus en plus capables. Le mouvement ascensionnel et multiple du travail, l'extension quotidienne des relations commerciales activées par la vapeur et l'électricité, exigent des écoles nouvelles. Chaque société, comme chaque individu, en a besoin, la société pour utiliser toutes ses forces vives et les amener à se produire, l'individu pour trouver sa place dans cette ruche immense et affairée où qui ne travaille pas ne peut pas vivre. Telles sont les raisons que font valoir les partisans de l'enseignement technique pour attaquer notre système français d'enseignement secondaire.

Celui-ci, fort de son passé, de ses traditions, de son expérience, répond à ses adversaires en continuant à préparer pour toutes les g. des écoles de l'État les élèves solidement instruits qui deviendront des professeurs, des magistrats, des ingénieurs, des chefs d'armée, des savants illustres. L'enseignement secondaire classique poursuit sa route.

Historiquement, il faudrait remonter assez haut pour retracer les premières phases de cette lutte. Nous nous bornerons à marquer les étapes franchies de 1867 à 1877, en citant un ou deux faits. En 1872, une réunion convoquée en province écoute avec faveur un orateur qui pense et dit que les villes industrielles ne doivent pas se contenter de l'enseignement classique, tel qu'il est constitué ; il ajoute que l'instruction ne suffit pas, qu'il faut songer à l'éducation et à l'éducation professionnelle :

« Il est urgent, dit-il, d'apporter une réforme complète dans cet enseignement, où l'instruction n'est plus en rapport avec les exigences de notre époque, et où on a négligé de donner à l'éducation la place considérable qui lui est due.

« C'est précisément dans ce défaut d'éducation que je vois une

Gr. II.
—
Cl. 7.

des causes fatales des effroyables catastrophes qui viennent de frapper le pays, d'abord dans une guerre désastreuse avec l'étranger, puis dans nos dissensions civiles, plus désastreuses encore. »

Amené ainsi à parler de l'étranger, l'orateur est conduit à dire encore :

« A l'égard des langues vivantes, nous sommes fort en arrière des autres peuples de l'Europe. C'est à tel point que, dans presque toutes nos grandes maisons de banque et de commerce, les meilleurs emplois sont réservés à des étrangers par la seule raison qu'ils peuvent correspondre avec divers pays. Il est temps de nous relever de cette infériorité malheureuse, qui nous laisse dans l'ignorance de tout ce qui se fait ou s'écrit au dehors ; ce qui n'est pas moins fâcheux pour notre culture intellectuelle que pour la bonne direction de nos affaires commerciales et politiques. »

Ainsi s'exprimait un homme qui a exercé une grande influence sur l'établissement et le développement de l'enseignement technique en France, M. Penot, aujourd'hui directeur de l'École supérieure de commerce et de tissage à Lyon.

Dans la même ville, des notables, des négociants, des industriels, avaient déjà travaillé à la même œuvre, entre autres M. Testenoire, dont M. Penot parle en ces termes :

« Un des premiers, il a reconnu la nécessité de préparer des jeunes gens, par de fortes études, à une profession qu'une profonde transformation douanière et une plus grande facilité de communications allaient élargir, rendre plus difficile, et élever incontestablement au rang des carrières libérales, si on accorde ce titre à celles où le savoir et l'intelligence prennent le rôle principal. Frappé de voir des étrangers occuper dans notre pays, de préférence à nos compatriotes, des emplois avantageux dans le commerce et la banque, il lui semblait que le temps était venu de donner à la jeunesse française une instruction spéciale et solide, qui lui permettrait d'affronter toutes les concurrences à l'intérieur, comme au dehors. Pénétré de cette idée, il apporta à sa prompte réalisation toute l'énergie et tout le zèle qui étaient le fond de son caractère.

« Grâce à ses actives démarches, grâce surtout à sa haute influence sur le commerce de Lyon et de notre grand rayon industriel, il lui suffit de peu de jours pour réunir plus de 1,100,000 francs. »

A son tour, M. de Quatrefages, dans un discours tenu à Lyon, le 28 juin 1874, au Palais de l'Alcazar, à propos de la distribution des récompenses faite par la Société d'enseignement professionnel du Rhône, apportait l'appui d'un savant, d'un membre de l'Institut, aux idées nouvelles. Il montrait déjà le progrès rapide de ces idées et leur présageait un prochain triomphe :

« Par la force des choses, disait-il, par le progrès des générations, l'enseignement municipal, celui que vous donnez, Messieurs, celui que donnent Bordeaux, Mulhouse, Amiens, etc., se développera avec une rapidité croissante. Il envahira, je l'espère, la grande masse des travailleurs. Forcément aussi et en vertu des nécessités auxquelles il répond, il restera toujours scientifique. Par là il se mettra de plus en plus en opposition avec l'enseignement donné jusqu'ici par l'État.

« Il ne faut pas se le dissimuler ; en dépit des programmes, cet enseignement appartient essentiellement au grec et au latin. Une assez large place est encore assurée à la rhétorique française et l'on vient d'agrandir celle de la philosophie. Mais les sciences, les langues vivantes, n'y sont considérées que comme autant d'accessoires importuns. En somme, l'idéal de l'État est avant tout de former des jeunes gens sachant écrire dans une langue morte un discours ou des vers sur les idées et les sentiments d'une société qui n'existe plus.

« Quelle entente pourra s'opérer entre ces représentants d'un passé à jamais éteint, habitués à se contenter de mots sonores, et vos élèves, forcément hommes du présent, nourris de faits précis et d'idées pratiques ? Aucune : les habitudes d'esprit seront trop différentes, et la lutte sera d'autant plus vive que les deux enseignements auront porté plus de fruits.

« Donc il faut que l'un des deux entre en arrangement avec l'autre et lui fasse une juste part. Lequel des deux doit céder ? La réponse ne saurait être douteuse. Forcé de pourvoir au pain de

chaque jour, l'ouvrier ne peut apprendre le latin et le grec, il n'a
pas le temps de songer à polir des périodes. C'est l'État qui doit
élargir ses programmes et s'approprier ceux de l'enseignement
municipal.

« Puisque l'État se charge d'instruire quiconque peut payer et
suivre ses leçons, il doit enseigner d'abord à tous ce qui sera utile
ou nécessaire à tous. Or, le latin et le grec ne serviront jamais
qu'au petit nombre. Les langues vivantes, les éléments des sciences,
sont d'une application journalière ; leur étude développe et grandit
l'esprit au moins autant que celle de n'importe quelle grammaire
latine ; elles répondent bien mieux aux facultés de l'enfance. Donc
il faut leur donner le pas. Dans ma pensée, que je n'hésite pas à
dire tout entière, nul ne devrait être admis à apprendre les langues
mortes avant d'être passé par un ensemble d'études analogue à
celui que j'esquissais tout à l'heure. A coup sûr les élèves ainsi
préparés n'auraient plus besoin de huit ou neuf ans pour parcourir la carrière classique. »

Je ne cite que deux faits entre mille. Les partisans de l'enseignement spécial n'ont négligé aucune occasion d'exposer ou d'appliquer leurs idées. Lorsque la guerre de 1870 vint détruire en Alsace, à Mulhouse, l'école fondée par M. Penot, il se trouva en
France des centres tout prêts pour hériter des débris de l'établissement. L'œuvre fut continuée sur plusieurs points du pays. Aujourd'hui elle apparaît à l'Exposition sous des formes multiples.
On nous signale les maîtres et les élèves de quatre ou cinq villes ;
on nous apporte des travaux venus de divers lieux, des cours autographiés, des collections scolaires et industrielles tout à la fois,
des programmes d'enseignement professionnel, qui attestent l'émulation générale et qui semblent des essais indépendants les uns
des autres. En réalité, ils se tiennent entre eux et forment les
parties d'un faisceau. C'est pourquoi nous aimons mieux parler
d'abord des vues générales qui ont présidé à l'enfantement de ces
écoles que de les énumérer et de les classer sans montrer l'esprit
et l'unité d'impulsion qui les animent.

Il faut aussi, à côté de ces efforts sérieux, s'attendre à rencontrer des opinions extrêmes et des prétentions étourdies. Derrière

les hommes qui parlent avec autorité des nécessités industrielles et qui présentent des vœux motivés viennent des novateurs moins désireux de créer un enseignement que d'en détruire un autre. Tels sont les iconoclastes qui proposent de remplacer la science par les sciences appliquées, la théorie par la pratique, et l'enseignement proprement dit par de simples manipulations. Nous n'avons pas ici à les combattre, notre rôle de rapporteur nous faisant un devoir de signaler exactement les doctrines qui se font jour et non point d'en soutenir une nous-même. Mais précisément parce que l'on nous verra, dans ce Rapport, exposer fidèlement les tentatives et les convictions des hommes sérieux, nous ne saurions confondre avec eux (et le Jury n'a pas confondu) les ennemis aveugles des études théoriques, telles que les comprend l'Université. Nous devons, en passant, les distinguer des maîtres autorisés qu'ils prétendent suivre ; quelques mots suffisent à caractériser leur étrange méprise. En effet, lorsque, s'inspirant d'idées exclusivement utilitaires, on fait le procès à *la théorie,* lorsqu'on essaye d'établir une différence irréductible et un antagonisme éternel entre les leçons de pure science et les applications scientifiques, entre les maîtres de l'État et les maîtres libres, enfin entre l'enseignement professionnel et l'enseignement classique, on oublie trois choses essentielles :

La première, qu'il n'y a pas d'enseignement sans doctrine, et qu'il n'y a de vrai maître que celui qui enseigne le vrai dans son intégrité absolue ;

La seconde, que la science est une et que nous sommes tous ouvriers de la même œuvre, que nous travaillons à trouver la science par l'enseignement supérieur, ou à la transmettre théoriquement par le lycée, ou à la vulgariser par l'école élémentaire ;

La troisième, que, dans l'état actuel des choses, il arrive la plupart du temps que le même personnel de professeurs passe tour à tour dans les établissements de divers ordres et, en fin de compte, enseigne la même chose. Aussi la lutte à laquelle nous assistons aboutira-t-elle à une conciliation finale.

ENSEIGNEMENT SECONDAIRE CLASSIQUE.

UNIVERSITÉ ET MINISTÈRE DE L'INSTRUCTION PUBLIQUE.
BIBLIOTHÈQUE DES TRAVAUX DU CORPS ENSEIGNANT.

L'Université devait être jugée à l'Exposition où elle représentait la forme la plus puissante de l'enseignement secondaire classique et où elle apparaissait comme responsable de tout le système. On faisait abstraction de la place qu'elle a pu accorder à l'enseignement spécial. En effet, on ne devait pas lui tenir compte des essais qu'elle a pu faire en faveur de l'enseignement spécial, tout le monde pensant qu'elle a prêté, plutôt que donné, son appui aux réformes, selon elle toutes temporaires, de M. Duruy. Au début de l'Exposition, l'opinion ne lui était pas favorable. Son pouvoir, son apparente immobilité, le régime qui impose tant d'années de latin et de grec, le caractère même de cette influence purement intellectuelle qui, s'adressant à l'esprit plutôt qu'aux yeux, ne concède rien aux résultats extérieurs et ne se préoccupe pas des expositions, tout semblait devoir pousser le Jury à négliger une *vieille* institution, comme elle-même néglige, dit-on, le présent et les réformes nécessaires.

Telles étaient au premier jour les tendances ou du moins les dispositions probables qui devaient dominer dans un milieu où les nouveautés sont appelées et recherchées. Au contraire, à la fin de l'Exposition, le Jury déclara, dans la réunion solennelle du groupe, qu'il demandait, pour l'Université et le Ministère de l'instruction publique, un grand prix. Il ajouta que ce grand prix devait être unique, c'est-à-dire que des étrangers décidèrent que nul pays étranger ne serait mis sur la même ligne que la France.

Comment cela se fit-il?... Ici il faut raconter tout simplement ce qui s'est passé. Le lecteur ne comprendrait pas un compte rendu qui, par discrétion, se tiendrait dans les généralités : il serait sans intérêt pour l'avenir s'il n'était pas explicite ; il serait sans vérité s'il plaidait pour ou contre l'Université ; enfin il serait inintelligible si nous entreprenions de le rendre tout à fait impersonnel. Les noms des personnes qui composaient le Jury donnent à leur jugement son sens et sa valeur.

Le Jury était composé de M. Alvin, président, qui représentait la Belgique ; de M. Philbrick, qui représentait les États-Unis ; de M. Bauer, qui représentait l'Autriche ; de M. Luzzatti, pour l'Italie ; de M. Dubief, directeur de Sainte-Barbe, et de M. Godard, directeur de Monge, qui représentaient l'enseignement libre. Un seul membre appartenait directement à l'Université de France, M. Émile Chasles, inspecteur général de l'instruction publique ; mais la spécialité de son inspection, qui est celle des cours de langues vivantes, ne permettait pas de le ranger parmi les professeurs des humanités classiques. M. Quet, inspecteur général, appelé un peu plus tard dans le sein du Jury, représentait les sciences et ne pouvait être considéré comme un patron du latin et du grec.

Ces détails sur la composition du Jury étaient nécessaires à rappeler pour établir que l'Université a été jugée à l'Exposition de 1878 par l'étranger et par l'enseignement libre, qui composaient la majorité très éclairée de cette petite assemblée. Or, le Jury arrivait à cette époque dans une exposition industrielle et commerciale, dirigée surtout par des hommes de science, des hommes politiques et des hommes plus connus dans le monde des affaires que dans le monde des lettres.

Au moment où l'Université se présenta à l'Exposition, l'opinion, avons-nous dit, ne lui était pas favorable. Depuis longtemps la presse lui reprochait de repousser toute réforme, de rejeter de fait l'enseignement spécial qu'elle subissait au nom de la loi, de ne pas enseigner sérieusement les langues vivantes et de tenir dans un rang inférieur le personnel qui les enseigne, d'élever les enfants dans l'ignorance systématique du monde contemporain et de la géographie, de les écraser de travaux écrits ou de punitions en prenant peu de souci de l'hygiène, de la gymnastique et du besoin d'air ou de mouvement, etc. Fondées ou non, ces critiques, qui prenaient tous les jours de la consistance, avaient fini par cacher aux yeux de la foule le véritable rôle de l'Université.

Comment d'ailleurs le montrer dans une exposition? Comment faire suivre au regard distrait du visiteur le mouvement ascensionnel des esprits dirigé par l'Université du fond de ses classes? Elle-même y renonçait : exposer les méthodes, chose complexe et subtile, exposer le réel travail du professeur de mathématiques menant ses élèves vers les régions supérieures de la science, exposer l'œuvre des professeurs de rhétorique et de philosophie qui enseignent à des hommes les lois de la pensée humaine, c'était absolument impossible, disaient les maîtres les plus autorisés. A cela M. Bardoux, ministre de l'instruction publique, répondit qu'en effet on ne pouvait pas faire de ce grand travail, tout intellectuel, l'objet d'une exposition visible et palpable; mais qu'on pouvait mettre sous les yeux de tous l'organisme de l'Université, le fonctionnement général de l'institution, les faits, les chiffres, les documents accumulés par l'administration de l'instruction publique, et même les œuvres intellectuelles des maîtres comme des élèves, lesquelles prennent la forme de livres ou de cahiers, depuis les chefs-d'œuvre de tels professeurs devenus illustres, jusqu'aux compositions couronnées de tels lauréats qui débutent dans la vie et souvent dans la réputation par un succès de concours. M. Bardoux voulut qu'on essayât ce qu'on n'avait jamais voulu essayer, à savoir que l'on montrât en public l'ensemble, la marche et la suite de ce labeur trop peu connu. Il demanda au directeur de l'enseignement secondaire, M. Mourier, de faire sortir un moment des bureaux de sa direction quelques-uns des Rapports dans lesquels se fondent et se cachent pour ainsi dire les lentes élaborations de chaque année et de chaque jour; on y trouverait une image de toutes les questions administratives, traitées et résolues à l'égard de l'enseignement, du personnel, des constructions et de la comptabilité. Il chargea le directeur des sciences et des lettres, M. le baron Oscar de Watteville, de toute l'exposition du Ministère de l'instruction publique, de façon à pouvoir placer l'enseignement secondaire à son rang, près de l'enseignement supérieur auquel il conduit et non loin des missions scientifiques. En outre, celui-ci aurait à organiser une chose entièrement nouvelle, c'était la *Bibliothèque du corps enseignant*, qui devait, sous la forme de livres, faire entrevoir la série de travaux exécutés par l'Université. Cette idée si juste ne pouvait pas être réalisée d'une manière complètement satisfaisante, précisément parce que le travail ininterrompu du corps universitaire est d'une étendue indéfinie. Traités, brochures, thèses, méthodes, découvertes, critiques, se succèdent sans relâche. Tel livre est épuisé et ne se réimprime plus, tel autre au contraire se réimprime si souvent qu'on ne sait à quelle date le placer. A côté de mille traités élémentaires qui sont le pain quotidien des classes d'enfants se montre un ouvrage capital qu'il faut distinguer du reste; malgré tout, l'appréciation des ouvrages doit jouer ici un certain rôle, il y faut du temps et un savoir presque universel. Ce n'est pas tout encore, il est à peu près impossible de classer les œuvres, et de les rapporter à tel ou tel degré d'enseignement. La plupart des hommes qui font aujourd'hui l'honneur de l'enseignement supérieur, de la presse et même de l'Institut sont sortis de l'Université. On ne pouvait donc pas se régler sur les noms des auteurs pour constituer une Bibliothèque de l'enseignement secondaire. Bref ce catalogue précieux ne pouvait être exécuté ni en peu de temps, ni avec toutes les ressources nécessaires, et l'on devait faire appel au dévouement de quelque bibliothécaire très distingué pour prendre la charge de l'exécuter dans de telles conditions. M. Lorédan Larchey voulut bien s'en charger.

Cependant, telle qu'elle était, la *Bibliothèque du corps enseignant* fut une révélation pour le public. Cette collection d'ouvrages qui avaient tous reçu une belle reliure, que le visiteur apercevait d'un seul coup d'œil, qu'il pouvait d'ailleurs manier et lire sur place, rappela à plus d'un le rôle et l'influence du travail universitaire. Au milieu de l'exposition des merveilles industrielles et commerciales, le livre du savant qui avait provoqué les progrès ou du maître qui avait dirigé l'esprit de découverte prenait sa place légitime et silencieuse. On devait faire et l'on fit le rapprochement de l'effet à la cause. Dans la salle voisine on expérimentait les appareils inventés pour cuire au soleil les aliments : or, ils sont dus à un professeur du lycée de Tours. Ailleurs, en traversant les galeries où se trouvent les découvertes archéologiques, chacun pouvait se sou-

Gr. II.
—
Cl. 7.

venir que l'antique Égypte a été tirée des sables et ressuscitée par un de nos plus modestes professeurs de dessin, devenu le célèbre Mariette-Bey. Dans un tout autre ordre, on trouvait au milieu des comestibles et des conserves alimentaires un jury occupé à constater par quel procédé on avait rendu aux conserves françaises leur crédit sur la place, et à côté du nom du fabricant, M. Lecourt, venait se placer le nom de M. Guillemare, inventeur de la chlorophylle, qui permet de colorer les légumes sans y employer le cuivre. Ce dernier, que l'Institut a encouragé, appartient à l'enseignement secondaire. Les exemples sont nombreux de ces applications de la science du collège, comme on l'appelle, à nos découvertes industrielles : à ceux-ci, que nous avons volontairement cités deux fois, il en faudrait joindre d'autres, si je ne devais pas m'arrêter.

Terminons, en ce qui touche la Bibliothèque, par la citation nécessaire de l'*Introduction* placée en tête du *Catalogue* : cette page, qui explique l'entreprise avec ses qualités et ses défauts, ne fut pas sans influence sur la décision du Jury.

«A la date où nous écrivons, disait l'auteur de l'*Introduction*, c'est-à-dire au mois de mai 1878, il est fait à Paris un premier essai d'exposition ayant pour objet direct de faire connaître le mouvement et la suite des publications entreprises par l'Université de France.

«Un pareil essai a le double caractère des choses nouvelles, c'est-à-dire la hardiesse et l'imperfection. Nous n'avons pas ici à expliquer ni le but qu'on se propose, ce qui est fait dans la circulaire ministérielle, ni l'ordre suivi dans l'exécution du plan, ce que la confection même du catalogue fait voir clairement. On sait que trois moyens sont employés pour donner un aperçu de ces travaux, à savoir : 1° l'exposition des livres mêmes; 2° l'établissement d'un catalogue; 3° la communication des livres au public.

«Ce qu'il importe, dès aujourd'hui, d'indiquer ici, c'est le fait général qui ressort déjà et se dégage de cette réunion inusitée des livres universitaires.

«En comparant l'enseignement, tel qu'il était il y a cinquante ans, à l'enseignement tel qu'il se présente dans les ouvrages exposés, on mesurera d'un seul coup d'œil le progrès accompli et la distance parcourue.

« Autrefois notre système scolaire était absolument dominé par l'enseignement des humanités, que le temps avait rendu sur certains points vague et insuffisant. Les autres branches des connaissances ne se développaient pas; les livres manquaient pour l'enseignement de l'histoire; on apprenait par cœur des ouvrages de géographie à peine pourvus de cartes. Les langues vivantes, méconnues, ne pouvaient être étudiées que dans de vieux livres. Les sciences mêmes, dans leur immense variété, devaient accepter dans nos lycées une situation et une place singulièrement restreintes.

« Or, si l'on examine les ouvrages exposés dans les vitrines, on pourra constater, étape par étape, la distance parcourue de 1830 à 1878, et particulièrement de 1867 à la date actuelle.

« Sans juger les méthodes, sans citer les noms des auteurs, on doit avant tout reconnaître le développement de chaque ordre d'études dans le développement même des publications.

« L'enseignement des humanités s'est renouvelé par l'étude comparée des langues et par les recherches sévères de l'érudition.

« Les sciences ont reçu un développement pédagogique entièrement nouveau et appliqué à tous les âges.

« L'enseignement de l'histoire, né pour ainsi dire après les autres, a pris, depuis trente ans, une extension considérable.

« Ce progrès en a déterminé un autre, qui fait le caractère spécial des dix dernières années. L'histoire du passé a fait songer davantage à l'histoire du présent. Dans la collection des livres rassemblés ici, on verra que l'Université a ouvert une triple voie pour faire aborder à tous cette étude relativement nouvelle. Elle a donné une place spéciale : 1° à l'histoire contemporaine; 2° au tracé géographique moderne; 3° à la pratique des langues vivantes. La jeunesse française, conviée à ce spectacle du monde actuel, a reçu des atlas, des tableaux, des guides, des modèles qui, jusqu'à présent, ne figuraient guère dans nos écoles.

« Il suffirait de compter les ouvrages publiés en vue des besoins nouveaux pour acquérir la conviction que de grands efforts ont été faits dans ces diverses directions.

« Tel est le premier résultat que l'on peut constater dans cette revue des livres universitaires.

« A un autre point de vue, il convient de signaler, preuves en mains, le labeur constant de l'Université. Nous voulons parler des méthodes. C'est la gloire de la France, reconnue par les autres pays, qu'elle s'efforce toujours de trouver l'expression la plus claire (c'est-à-dire la plus scientifique) des choses; on trouvera donc ici une extrême variété de méthodes, des recherches ingénieuses, des essais et des expériences multipliés, en un mot, un effort collectif pour découvrir la formule la plus lumineuse de la vérité.

« Une troisième considération ne saurait échapper aux observateurs attentifs. Personne n'ignore le débat soulevé depuis quelques années par les écoles jalouses de vérifier avec exactitude toutes les notions enseignées. On a opposé aux traditions littéraires de la France les habitudes d'érudition de nos voisins; — à nos grands travaux de généralisation intellectuelle les études de critique et d'exégèse chères à l'Allemagne. Dans les publications de l'Université, on trouvera, rassemblées sur les mêmes rayons, les œuvres du littérateur et de l'historien, comme les thèses savantes et minutieuses de l'érudit. Le rapprochement des écoles, impossible dans la vie du dehors, s'opère pacifiquement dans nos lycées, au nom de l'impartial souci du vrai.

« Un rapprochement analogue, qu'offrira l'Exposition, est celui des livres de recherche originale et des livres de popularisation. Les personnes qui consulteront comparativement les divers ouvrages publiés sur une même matière seront surprises de recevoir en même temps le petit livre d'un instituteur et l'ouvrage savant d'un membre de l'Institut.

« C'est précisément un fait d'une importance réelle, qu'il faudra reconnaître ici, que le rapport immédiatement établi entre tous les degrés de l'enseignement. Tel professeur, appartenant à l'enseignement secondaire, consacre vingt ans de sa vie à d'obscures recherches, qui le conduisent à des découvertes. Il quitte son poste modeste, il voyage comme missionnaire, il entre dans les facultés, souvent dans une des classes de l'Institut. Pendant le même temps, ses travaux, étudiés par de nombreux disciples, sont résumés dans des ouvrages appropriés aux besoins de l'enseignement spécial et de l'enseignement primaire. Ainsi la science monte-t-elle et redescend-elle tour à tour, de degré en degré, sous l'action constante d'un corps de professeurs dans lequel chacun a son rôle.

« Ici, l'exposition de la classe 7 peut servir de commentaire précis à la *Statistique de l'enseignement secondaire*, qui vient d'être publiée. »

Le Jury, après avoir examiné, et la *Bibliothèque*, cette collection d'ouvrages qui n'est qu'un échantillon du labeur de l'Université, et la *Statistique*, cette collection de mesures et de faits, qui n'est que le dessin et le fonctionnement de toute la machine, a voulu connaître sur tous les points l'état actuel des choses et a prié M. le Directeur de l'enseignement secondaire de venir dans le sein de la Commission pour fournir tous les renseignements qui seraient demandés. M. Mourier a donné ces renseignements, qui, même atténués par la discrétion du directeur, laissaient voir toute l'étendue de l'action administrative depuis longues années.

Pour n'en citer qu'un exemple, on a témoigné quelque surprise au directeur de l'enseignement secondaire de ne pas voir, sur les murs mêmes de la salle, des plans de bâtiments scolaires analogues à ceux que d'autres pays, la Belgique par exemple, avaient exposés. C'est que, a-t-il répondu, nous en avions trop pour si peu de place, et qu'en outre nous ne sommes jamais satisfaits. Nous cherchons toujours. Un lycée exige, pour être tout à la fois salubre et approprié à tous les besoins du service, de longues études, l'expérience du temps, beaucoup d'argent et le concours de toutes les circonstances favorables. En même temps on fit passer sous les yeux du Jury un album renfermant onze plans divers, dans lesquels se voyaient l'étude et le souci constant des améliorations possibles.

D'ailleurs, à toutes les questions, la réponse se trouvait faite par la publication du volumineux *Rapport* du même directeur sur toutes les parties de l'enseignement secondaire.

Voici ce qui résultait de l'examen des documents : la France présente une organisation complète. Elle possède, à la date de 1877, 81 lycées et 212 collèges communaux, soit 333 établissements de l'État. En face de nous l'enseignement libre a pu ouvrir 830 maisons, dont 27 à la Société de Jésus.

Le nombre des élèves s'est toujours accru, et toujours en faveur des établissements de l'État. De 1865 à 1876, l'augmentation du nombre des élèves a été de 16,784. Aujourd'hui la population totale des établissements qui suivent le système de notre enseignement secondaire atteint le chiffre probable de 160,000 élèves si l'on y compte ceux des séminaires, et le chiffre certain de 157,296 élèves si l'on fait abstraction des séminaires. Sur les 157,000 élèves de l'enseignement secondaire une moitié appartient à l'Université, une moitié à l'enseignement libre, ou du moins, en chiffres exacts, 791,231 à la première et 78,065 aux autres.

Le Jury fut frappé de l'unité de cette organisation, de la persévérance courageuse du personnel auquel on demande tant de garanties et de dévouement et qui n'arrive jamais à la fortune, de la vue de ses œuvres, de la pensée que l'Université se préoccupe uniquement d'enseigner le vrai et de donner à tous cette méthode d'esprit qui est la clef de toute science. Ce ne fut pas tout. Il voulut voir de ses propres yeux quelques-uns de nos établissements. Il visita le lycée Henri IV et assista aux classes. Il se rendit à Vanves et put juger des conditions hygiéniques de certaines maisons. Ces visites faites, chacun avait arrêté son jugement. Toute discussion prit fin. On ne parla plus, dans le sein du Jury, de l'Université. Mais le jour où l'on dut procéder définitivement à la fixation des récompenses, M. Bauer demanda la parole au nom des membres étrangers du jury. Il déclara que l'examen qu'ils avaient fait leur avait révélé la cohésion de l'Université, le mérite et le but d'une œuvre qui donne à la France des ingénieurs, des magistrats, des savants, des orateurs; le dévouement du personnel, la solidité des méthodes et enfin l'unité puissante du système, unité que nul

pays ne possède, dans cet ordre, à l'égal de la France. En conséquence, il proposait de décerner le grand prix au Ministère de
l'instruction publique et à l'Université de France, en ajoutant que
ce prix devrait être unique et qu'il n'en serait pas donné d'analogue à d'autres pays.

Le suffrage unanime de nos collègues accueillit cette proposition,
et je pris alors la liberté de dire que non seulement par son organisation l'Université méritait ce témoignage d'estime, mais que
par les réformes aussi qu'elle a tentées elle en est digne encore.
Ce point doit ici être nettement établi, d'autant plus nettement
qu'il a été plus contesté.

RÉFORMES GRADUELLES DE L'UNIVERSITÉ.

On conteste que l'Université ait rien changé depuis vingt ans.
Si elle a amendé quoi que ce soit de son programme, dit-on, c'est
un progrès du siècle et non pas de l'Université, qui de sa nature
est routinière. Par elle-même, elle n'a pas fait de réformes; celles
dont on la félicite lui ont été arrachées : elle les subit.

Je ne connais pas d'erreur plus répétée que cette assertion absolue, qui, lancée par les journaux, réimprimée annuellement,
redite par le public, jamais contrôlée, est devenue une prévention
courante. Elle a servi de tremplin à des ambitions politiques, ou
de point d'appui aux entrepreneurs qui veulent remplacer l'Université. Aujourd'hui c'est un fait admis : il est convenu que l'Université n'a jamais voulu modifier sa marche; et si, par hasard, on
se trouve en face de preuves contraires, on a la ressource d'employer les deux arguments spécieux qui ont beaucoup servi en
1878 : le premier est que l'Université a emprunté à l'enseignement libre tous ses progrès; le second est que les réformes tentées
peut-être ne datent que de la guerre de 1870, qui les a imposées.

Ce sont là deux affirmations superficielles. Il importe de les détruire, non pas pour défendre l'Université, dont je n'ai point à
faire ici le panégyrique, mais pour rétablir la vérité sur notre pays,
sur les études de nos enfants, sur l'histoire générale de l'enseignement, sur ce qui a été fait et sur ce qui reste à faire.

En réalité, l'enseignement secondaire n'est livré ni aux partisans du *statu quo*, ni aux réformateurs quand même; s'il est étrange d'avancer qu'il est immobile, il le serait aussi de vouloir prouver qu'il ne respire que le changement. Son rôle n'est pas l'immobilité, son rôle n'est pas le mouvement perpétuel : il a pour fonction de transmettre et de distribuer les connaissances acquises, il le fait; et, d'étape en étape, il modifie sa méthode selon les progrès de la science et selon les besoins du siècle. Au moment où une de ces modifications doit s'accomplir, on la discute; la discussion devient aisément un combat. Les combattants sont les uns et les autres des professeurs. La voix de certains maîtres s'élève en faveur des études établies et s'oppose à tout remaniement précipité, tandis que des voix jeunes et hardies veulent entraîner les générations nouvelles vers les découvertes du présent et les espérances de l'avenir. De part et d'autre on dépasse la mesure; c'est la loi des contestations humaines. Les uns se replient sur le passé avec obstination, les autres parlent d'en faire table rase. Au fond, on est frappé de part et d'autre de la double nécessité de conserver ce qui est bon et d'amender ce qui est mauvais; on finit par se rencontrer sur le terrain qui est celui des hommes d'enseignement, sur le terrain de la vérité à enseigner, et là se fait un accord.

Lisez l'histoire de l'Université du xix° siècle : elle présente le même spectacle depuis quatre-vingts ans, celui d'un débat perpétuel qui aboutit, d'espace en espace, à un progrès régulier. Je n'en veux de preuve que le développement continu de l'enseignement scientifique, lequel était jadis étouffé par la prédominance des lettres, et menacé au contraire de les étouffer aujourd'hui. L'Université a introduit dans l'enceinte sacrée des humanités non seulement les sciences exactes, mais les sciences naturelles, mais la géographie, mais l'histoire, autrefois redoutée, mais les langues vivantes, mais l'enseignement spécial, etc.

L'Université n'a pas cessé de se réformer depuis qu'elle existe, et les réformes récentes datent toutes d'avant 1870 : voilà ce qui est établi par la suite des lois, des arrêtés et des actes de l'administration de l'instruction publique. Nos réformes actuelles continuent la double tradition qui veut que l'Université conserve son unité constitutive et qu'elle modifie incessamment sa marche, ses cadres, ses programmes.

Un historique extrêmement bref des réformes voulues, énoncées et exécutées le prouverait si nous pouvions analyser ici le *Bulletin des lois*. Sans aller jusque-là, marquons au moins par des jalons la route parcourue depuis cinquante ans.

Et d'abord la question de l'enseignement spécial est posée dans la loi de 1833 qui le crée sous un autre nom, sous le nom d'*Enseignement primaire supérieur*.

La question des langues vivantes et des littératures modernes est portée à la tribune par M. Villemain, qui fonde deux chaires au Collège de France pour cet enseignement, et en même temps, en 1845, établit un concours très modeste, très ignoré et très important, pour l'enseignement secondaire, sous le nom d'*Examen pour le certificat d'aptitude à l'enseignement des langues vivantes*.

La question vitale des maîtres d'étude est étudiée et posée très nettement par M. de Salvandy, qui demandait bien d'autres réformes.

Je ne parle ici ni de la question de l'enseignement scientifique, qui monte de lui-même à sa vraie place, d'année en année et pour ainsi dire d'heure en heure, ni des autres sujets d'étude, tels que l'histoire, la géographie, la philosophie; tous, ils obtiennent leur part d'attention et prennent leur rôle légitime. Il me suffit de marquer quelques étapes de la route parcourue de 1830 à 1848. J'ajouterai seulement que la fermentation des idées, qui est constante, accompagne dans sa marche l'action du pouvoir : c'est ainsi que la question, en apparence récente, de l'utilité du baccalauréat était vivement débattue dans un article capital de la *Revue des Deux-Mondes*, en 1848; et l'article, qui fut étudié par le Gouvernement, était d'un professeur [1].

Sous le second empire, tout le ministère de M. Duruy est un ministère de réformes profondes.

Sous la République actuelle, le ministère de M. Jules Simon aborde et fait avancer les mêmes idées de réforme, et sous M. Bar-

---

[1] Philarète Chasles.

doux, l'enseignement secondaire français vient, pour la première fois, à l'Exposition universelle de 1878 se soumettre à l'examen et à la critique de tous.

Ce sont les faits généraux; voici les actes essentiels, et surtout l'esprit des actes.

M. Duruy, entré au ministère et dans la politique de l'empire à titre de réformateur, exécuta dès le premier jour des plans d'ensemble qui n'allaient à rien moins qu'à renouveler les trois enseignements primaire, secondaire et supérieur. Pour ne nous occuper que de celui qui nous concerne, il entreprit dans l'ordre secondaire des travaux véritablement immenses qui le conduisirent :

1° A la réforme radicale de l'enseignement classique;

2° A l'introduction dans l'ordre secondaire de l'enseignement spécial;

3° A la création d'une École pratique des hautes études, destinée tout à la fois à renouveler les sources de l'enseignement supérieur et à réagir sur les méthodes de l'enseignement secondaire.

Malgré la précision de ce programme, ce serait ne pas le comprendre que d'en chercher l'esprit uniquement dans les règlements administratifs. Le procédé dont usa M. Duruy n'est pas de ceux que l'on peut indiquer dans le *Bulletin des lois*. M. Duruy consulta tout le corps enseignant, lui qui n'avait guère besoin de consulter, apportant, avec l'expérience de toute sa vie, des idées mûres et des résolutions réfléchies. Amis et ennemis, il voulut entendre tout le monde. Il donna la parole à chacun, au plus humble, comme au plus puissant. Un jeune professeur était écouté après un savant illustre, un novateur après un classique, un homme de l'enseignement libre à côté d'un universitaire, le frère Philippe aussi bien qu'un instituteur laïque. Tandis que le pouvoir, d'ordinaire, est tour à tour sous la pression soit des corps constitués, soit des individualités prédominantes, le nouveau ministre ne voulut ni écarter ni subir ces influences diverses, qui eurent leur heure de parole, mais n'étouffèrent pas la voix d'autrui. Il y eut combat; les résistances, les attaques, ne manquèrent pas. Mais ce fut un spectacle élevé et intéressant, que cette lutte de l'esprit de réforme contre l'usage établi, entreprise au nom du pays pour le pays, et poursuivie par des moyens d'information sincères, énergiques, courageux.

Le 13 août 1864, le ministre déclara nettement, dans une circulaire aux préfets, que le pays ne pouvait plus se contenter de l'organisation de l'enseignement secondaire, telle qu'elle était. Il fallait y joindre un enseignement spécial. L'industrie, le commerce, l'agriculture, disait-il, réclament autre chose que le pur enseignement primaire ou le pur enseignement classique. Il fallait immédiatement introduire à côté de ce dernier un enseignement spécial, et créer une forte école pour cet enseignement spécial. En conséquence, on invitait les conseils généraux à s'associer à cette fondation en choisissant les deux meilleurs élèves de troisième année dans chaque école normale primaire [1].

On ne perdit pas de temps; dès le 1er mars 1865, on pouvait ainsi résumer les faits accomplis :

« L'enseignement secondaire spécial est organisé dans 70 lycées sur 75. 34 lycées donnent l'enseignement de quatre années; 26 ont trois années; 10, deux années seulement. Cet enseignement s'adresse à 5,191 élèves.

« Sur 250 collèges communaux existants, on en compte 224 qui donnent l'enseignement spécial.

« Sur les 64,000 élèves qui suivent les cours des lycées et collèges, 16,176 appartiennent à l'enseignement secondaire spécial. C'est un peu plus du quart de la population scolaire [2]. »

Le nouvel enseignement réussit-il? Pouvait-il réussir le premier jour? Fut-il bien accueilli du corps universitaire? Ce sont là des points à examiner dans un travail plus étendu que le nôtre. Il fut fondé, voilà le fait capital, et M. Élie de Beaumont put dire à la tribune du Sénat: « Entre les deux termes extrêmes de l'enseignement, entre l'enseignement primaire qui débrouille l'enfant et l'enseignement secondaire classique qui a pour objet le développement le plus complet possible des facultés intellectuelles de l'élève, il existe divers degrés d'instruction, de portée et de nature différentes, à chacun desquels doivent correspondre des écoles, dont la classifi-

[1] Voir le *Bulletin des actes administratifs*, t. II, p. 150.
[2] *Bulletin*, t. III, p. 565.

cation et la réglementation sont beaucoup plus difficiles que celles des écoles qui appartiennent aux deux niveaux supérieur et inférieur, mais qui ne méritent pas moins de fixer l'attention du législateur. » Cette déclaration posait les termes du problème à résoudre, problème éminemment social, qui préoccupe universellement aujourd'hui les nations diverses, et qui se ramène à ces mots : nécessité d'un enseignement intermédiaire. M. Duruy présentait une première solution et effectuait une première entreprise qui modifiait profondément les conditions de l'enseignement secondaire.

Dans le même temps, et même auparavant, il avait osé aborder l'enseignement classique lui-même et commencer des modifications qui devaient conduire à des révolutions. Dès 1863, il annonçait officiellement que l'enseignement des langues vivantes allait être relevé, étendu et entouré de garanties nouvelles. Cet enseignement était jadis réduit aux plus minimes proportions, et donné par un personnel mal payé, peu considéré, parmi lequel on trouvait, à côté de quelques hommes très distingués, une foule de maîtres au rabais. L'administration faisait peu pour eux, et les élèves leur témoignaient une très médiocre déférence. M. Duruy n'hésita pas à leur ouvrir d'un seul coup une route nouvelle : il fallait que les Français pussent étudier les langues de l'Europe moderne. Il décida qu'on les ferait apprendre dès l'enfance, qu'on substituerait aux méthodes savantes la méthode naturelle, que l'on enseignerait quatre langues, et que le choix de l'une ou de l'autre serait déterminé par les besoins des localités ; qu'une sanction serait donnée à ces études : 1° par des prix au concours général ; 2° par l'admission des langues vivantes au baccalauréat ; 3° par le rétablissement de l'agrégation ; 4° par l'assimilation des professeurs de langues vivantes à leurs collègues.

De pareilles mesures provoquèrent un *tolle* général. On se plut à lapider le ministre. On déclara qu'il voulait annuler l'enseignement classique, ruiner l'École normale, anéantir l'Université.

Ce sont ces résistances qui ont fait dire que l'Université n'avait pas fait de réformes : conclusion fort injuste. Il y eut lutte, et pourquoi pas ? Pourquoi les hommes élevés dans un système et donnant leur vie entière à l'enseignement classique n'auraient-ils pas été inquiets de ces nouveautés? Leur dévouement même à leurs études ne les obligeait-il pas à concevoir quelque souci de l'avenir quand ils voyaient le passé compromis? Et d'ailleurs ils avaient raison de pressentir le résultat dernier de ces audaces, qui était de restreindre les dix années accordées au latin.

En effet, parmi toutes les mesures prises, il y en eut une qui, sous une apparence inoffensive, changea radicalement les conditions générales dans lesquelles se mouvait l'enseignement secondaire. Le 4 décembre 1863, il parut au *Journal officiel* un arrêté[1] portant que les langues vivantes seraient enseignées en sixième, cinquième, quatrième, avec le caractère obligatoire. Un an après, il était convenu pour toutes les familles, pour toute la France, que les classes élémentaires ne seraient pas exclusivement latines. L'opinion fut favorable à la mesure et vint peser sur l'Université. Du même coup on entrevit la possibilité de changer complètement l'ordre des études.

Quand on comprit la portée de ces mesures (qui paraissaient des tentatives précipitées et où l'on commença à deviner une suite

[1] ARRÊTÉ RELATIF À L'ENSEIGNEMENT DES LANGUES VIVANTES DANS LES LYCÉES.

Le Ministre secrétaire d'État au département de l'instruction publique,

Vu les dispositions du plan d'études (30 août 1852) sur l'enseignement des langues vivantes dans les lycées;

Le Conseil impérial de l'instruction publique entendu,

ARRÊTE :

ARTICLE PREMIER. On enseignera dans les lycées une ou plusieurs langues vivantes, selon les besoins des localités, et après avis du recteur et du conseil académique.

ART. 2. *Cet enseignement commencera dans la classe de sixième*, et continuera dans les classes de cinquième et quatrième avec le caractère obligatoire.

Il sera facultatif dans les classes supérieures et distribué, selon la force des élèves, en deux ou trois cours.

ART. 3. Il sera donné à la fin de l'année des prix et des accessits pour l'enseignement des langues vivantes.

ART. 4. Au concours général des lycées et collèges de Paris et de Versailles, deux prix et huit accessits sont réservés à chacune des langues vivantes enseignées dans les cours supérieurs à partir de l'année 1865.

Fait à Paris, le 4 décembre 1863.

Signé : DURUY.

d'actes décisifs), on reprocha vivement au ministre non seulement l'impulsion jeune et puissante qu'il donnait personnellement à l'enseignement secondaire, mais aussi l'attention qu'il accordait aux vues et aux projets de ses collaborateurs. En d'autres termes on lui fit un crime de l'originalité de son action et un crime de l'hospitalité qu'il donnait aux opinions d'autrui. Ce fut précisément l'honneur de ce ministre éminent d'avoir provoqué et centralisé un mouvement d'idées, qui d'ailleurs était contrôlé à toute heure par des enquêtes, des travaux, des voyages dont le chef donnait l'exemple. Que ne puis-je ici retracer quelques-unes des discussions incessantes dont le ministère devint alors le foyer ! Elles appartiennent à l'histoire des réformes de l'Université et du pays ; elles donnent une idée juste de ce qui se fit alors. Mon rôle comme témoin ou comme acteur fut trop peu de chose pour que je raconte avec précision le mouvement de cette époque. Néanmoins, puisque les actes ou les projets de 1863 et des années suivantes sont encore et souvent mal jugés, je réclame ma part de responsabilité sur le point unique où j'eus l'honneur d'être entendu. Ce jour-là, voici, en substance, les idées que je soumis à l'appréciation du grand maître de l'Université et des hommes d'État.

« La France, lui dis-je, ne connaît pas l'Europe, tandis que l'Europe nous connaît, se sert de nous, et nous prépare une redoutable concurrence, militaire ou commerciale. A l'heure qu'il est, nous avons à Marseille, à Bordeaux, à Lyon, à Paris, au Havre, en Champagne, des étrangers tout-puissants qui dominent le commerce et l'industrie, soit comme chefs de maison, soit comme associés, soit comme intermédiaires. Notre premier commerce d'exportation, qui se fait avec les pays de langue espagnole, subit l'intervention de la colonie étrangère, tandis que, chez nous, si un père voulait faire enseigner en même temps, dans un de nos lycées, à son fils, les sciences et la langue espagnole, il ne nous trouverait pas organisés pour ce double enseignement.

« Ce n'est là qu'un exemple. D'une manière plus générale, on peut dire qu'il n'y a pas chez nous une variété d'enseignement en rapport avec la variété des fonctions sociales; que l'État travaille pour ainsi dire contre l'État, en dévoyant la jeunesse; qu'une foule de carrières demandent inutilement des employés français, tandis qu'une foule de jeunes gens demandent en vain une carrière; qu'enfin nous perdons annuellement des millions, et, plus que des millions, nos forces vives.

« Cet état de choses ne peut qu'empirer de jour en jour, étant donnée l'organisation des trois enseignements primaire, secondaire et supérieur. Tous les trois, ils travaillent à former des non-valeurs.

« L'instruction primaire tire l'enfant de la mansarde et lui octroie un brevet : celui-ci ne veut plus de l'atelier.

« L'instruction secondaire tire l'enfant de la petite bourgeoisie et le fait bachelier : celui-ci ne veut plus du magasin.

« L'instruction supérieure fait du bachelier un médecin sans malades ou un avocat sans causes : celui-ci ne veut plus d'une carrière « non libérale »; il est presque toujours exposé à cheminer toute sa vie dans les bas côtés de la coulisse, de la presse ou de la politiqu

« Nous avons donc trois pompes aspirantes qui déplacent constamment des masses considérables sans savoir ce que deviendront les masses déplacées.

« Que faut-il faire? Détruire ces trois engins puissants? Non. Détruire est le procédé barbare et inepte de l'ignorance, de l'envie et de la folie. Il faut créer, ce qui est plus difficile, créer des enseignements intermédiaires et latéraux qui s'adapteront peu à peu au système existant. Évidemment le système existant sera alors modifié dans ses proportions; mais il ne sera pas détruit. Quoi qu'on fasse, il restera toujours absolument nécessaire d'avoir un bon enseignement primaire, un bon enseignement moyen, un bon enseignement supérieur. Ne renversons donc rien : voyons seulement si nos élèves ne pourraient pas savoir un peu plus du monde contemporain, du xixe siècle et du but qu'ils doivent viser. Ils le désirent eux-mêmes, et, comme leur désir n'est pas satisfait, ils deviennent utilitaires dans le mauvais sens du mot : ils veulent un diplôme pour s'en servir dans la vie; ils rejettent tout travail qui ne les mène pas au diplôme; ce n'est point l'étude qui les occupe, c'est l'examen. Il y a au bout des classes un filet; il s'agit de passer entre les mailles du filet.

«Ce fait étant reconnu de tous, on a proposé deux solutions diamétralement contraires. Les lettrés ont dit: puisqu'on perd l'esprit d'étude et le goût des travaux scolaires purs, nous allons les ranimer, en doublant la somme de latin que nous demandons. Nul ne sera bachelier s'il ne peut écrire une dissertation en latin. C'était prendre un bâton pour faire aimer à la jeunesse ce qu'elle n'aimait plus; c'était inoculer d'autorité le culte des langues mortes à toute la nation; c'était imposer aux 160,000 Français qui reçoivent l'enseignement secondaire l'enseignement qui convient à un futur magistrat. On le fit, et l'on porta ainsi le dernier coup aux études qu'on voulait sauver.

«En opposition aux lettrés, les hommes dits *positifs* ont formulé leur opinion: plus de latin et plus d'études spéculatives, disent-ils. Plus de sciences abstruses.

«Autant dire plus d'enseignement: car on parle alors de substituer l'apprentissage de la main, des yeux et des oreilles à l'exercice de la pensée. On propose d'étudier toutes les langues européennes, moins la langue latine qui est la moitié des unes et le fond des autres. On veut connaître toutes les applications scientifiques, moins la science; on fait de l'élève un ouvrier chinois qui copie une machine à vapeur et ne sait pas la vapeur.

«Les questions ont été mal posées. Il ne s'agit pas de savoir s'il faut ou ne faut pas de latin: l'imposer à tous est impossible; en supprimer l'étude, c'est nous ôter l'intelligence de la civilisation, de nos origines, de notre langue et de notre droit. Il s'agit de savoir à qui il faut le latin, à quel âge on doit l'enseigner, pendant combien de temps, et surtout de quelle manière.

«De même pour les sciences: il n'est pas question de faire passer dans la tête de tous les élèves des fragments de toutes les sciences, ce qui ferait de cette tête un kaléidoscope. Le but à atteindre est de lui donner l'esprit scientifique et de lui bien enseigner telle ou telle branche d'étude.

« Aujourd'hui, nous assistons tous à un spectacle étrange. Pendant dix ans tout le monde doit étudier une langue morte, et, au bout de dix ans, on ne la sait pas. Nous ne nous sommes pas aperçus que les temps ont changé, et les choses aussi. L'admirable système d'études que les jansénistes faisaient suivre au xviie siècle à cinq élèves, et qui formait les Pascal et les Racine, peut-il s'appliquer à tous les enfants d'un pays? Autant vaudrait verser une goutte d'élixir dans la rivière qui passe.

« Ne sachant où placer les autres études, on les a fait entrer de force là où l'on a pu. Il en est résulté un fait bizarre et contre nature, à savoir qu'en 1860 on donne des études de *mémoire* aux jeunes gens, lesquels réfléchissent, tandis qu'on donne aux enfants, chez qui la mémoire et l'observation sont les facultés maîtresses, des études d'*analyse* à faire sur une langue morte : on met en huitième le latin, objet de la réflexion, et en troisième, l'étude de la déclinaison allemande, leçon confuse à apprendre par cœur.

« Changez l'ordre des études ; remettez les choses à leur place ; donnez à l'enfant les exercices de mémoire, le calcul de tête, la récitation française ; les travaux qui exercent l'œil et la main, la géographie au tableau ; les leçons qui exigent des organes souples et jeunes, comme la prononciation et le rythme d'une langue étrangère. Au contraire, éclaircissez le programme des années supérieures, qui sont surchargées de matières, de récapitulations et de préparations. Que l'élève des sciences soit tout entier à ses abstractions ; que l'élève des lettres étudie librement l'histoire et les formes de la pensée humaine. Sur ce terrain déblayé, on verra se développer comme une végétation puissante une nouvelle génération d'esprits.

« Une fois achevé ce virement considérable, tout le reste de la réforme se dessinera. Je dis qu'il se dessinera, et non pas qu'il s'achèvera d'un seul coup. Il faut quarante ans pour accomplir cette réforme. Pourquoi? Parce qu'il s'agit des choses de l'esprit, et, dans cet ordre, tous les pouvoirs humains sont paralysés ou ralentis par l'impossibilité de transformer, d'un coup de baguette, les esprits, les pensées, les convictions. En outre, il faut modifier les doctrines et la pédagogie. En outre, il faut des hommes nouveaux à une entreprise nouvelle : prenez le temps de former un personnel.

« Un exemple fera saisir clairement le caractère grave de ces difficultés. On veut enseigner les langues vivantes : il semble qu'il suffise d'amener en France quelques Allemands et quelques Anglais pour donner, diriger ou inspecter cet enseignement. On oublie que presque jamais nous n'avons analysé la langue que nous parlons, et que souvent un maître français enseigne mieux qu'un étranger. Ce n'est pas tout : les grammaires modernes de toute l'Europe sont calquées sur la grammaire latine, c'est-à-dire sur un modèle qui n'est pas fait pour elles : il faut non seulement les ramener à leurs vraies lois, mais, ce qui est plus difficile, faire accepter la vérité, si on la trouve, des auteurs et des éditeurs, qui ont intérêt à la repousser. Il y a donc un grand travail de linguistique à accomplir, et à exécuter un autre travail, celui-là de pédagogie, pour pouvoir enseigner plus vite et mieux les langues vivantes. On peut dire la même chose de presque tous les enseignements : pour les rendre plus courts, il faut les rendre plus vrais, et pour les rendre plus vrais, il faut attendre que la science ait marché.

« Le premier point à gagner, c'est de changer toute l'économie de notre système en donnant à l'enfant les études vivantes, à l'adolescent l'analyse des langues mortes, au jeune homme les études d'abstraction. Vous pouvez le faire aujourd'hui même.

« Le second point à obtenir, c'est de réformer les méthodes même d'enseignement et d'exposition en les rendant plus courtes. Cela vous ne l'obtiendrez que du temps. »

Ces observations furent justifiées par ce qui se passa de 1863 à 1873. Les réformes de M. Duruy, si nettement exposées par lui et exécutées sans retard, subirent l'épreuve du temps : elles rencontrèrent de nombreux obstacles, parmi lesquels il faut compter une révolution politique. Le lendemain de cette révolution, il sembla à beaucoup de personnes, qui se méprenaient sur le caractère sérieux et profond de ces réformes, que les idées de la veille allaient être rejetées. Tout au contraire, la guerre de 1870 avait fait ressortir la justesse des prévisions qui dictaient ces réformes.

Le nouveau ministre de l'instruction publique, M. Jules Simon, écartant les détracteurs de son devancier (avec la même énergie qu'il écartait alors les délateurs), reprit la grande question de la réforme de l'Université. Le *Bulletin* est rempli de ses travaux, de ses vues, de ses actes. On y trouvera ce qu'il a fait de très précis pour l'enseignement de la géographie et des langues vivantes, comme pour l'éducation physique de la jeunesse française. On y trouvera aussi, dénoncées très franchement, les résistances que rencontrait la réforme. C'est ainsi que dans sa circulaire du 27 mai 1872, le ministre avertit publiquement les maîtres qui surchargent les élèves de devoirs dits *classiques*, afin de leur ôter le temps de faire d'autres études. Mais ce n'est là qu'un détail à recueillir.

Où M. Jules Simon a marqué avec une grande supériorité d'esprit son opinion sur le grave problème de l'enseignement secondaire, c'est dans la circulaire du 27 septembre 1872, adressée aux proviseurs, et qui traite directement, magistralement, la question des réformes possibles.

« Monsieur le Proviseur, dit le ministre, beaucoup de personnes me demandent de faire en une fois, dans l'Université, de grandes réformes. Je résiste à leurs prières et à mes désirs, parce qu'en matière d'enseignement, il vaut mieux procéder par des améliorations successives... J'ai fait, il y a un an, quelques règlements indispensables sur la gymnastique, les langues vivantes, l'histoire et la géographie... Jamais nécessité ne fut plus évidente, ni plus reconnue... Nous irons un peu plus loin cette année. »

Le ministre indique alors quelles sont les modifications immédiatement praticables, et quelles sont les réformes plus décisives qu'il convient de mettre à l'étude pour un avenir assez prochain.

Il aborde les questions suivantes :

Réunions périodiques des professeurs. — Libres de leurs méthodes d'enseignement, les professeurs sont invités à les exposer dans des réunions périodiques et à donner leur avis sur les réformes à introduire. Ils formeront, par voie d'élection, un conseil qui exercera des fonctions analogues à celles de l'ordre des avocats.

Gymnastique. — Elle sera obligatoire pour tous les élèves ; elle peut être développée dans les cours de récréation, sans qu'il soit indispensable d'attendre qu'on ait des préaux étendus et un matériel considérable.

Exercices militaires, équitation, escrime, natation. — Sur ces divers points, des prescriptions de détail sont données ou doivent être graduellement déterminées de manière à assurer l'éducation physique des élèves et préparer leur éducation militaire.

Promenades. — Les promenades, complément nécessaire des exercices du corps, peuvent servir à la santé et à l'instruction. Il faut savoir tour à tour marcher et voir : des excursions habilement dirigées serviront en même temps d'hygiène et de leçons indirectes (de géographie, de botanique, d'histoire industrielle, etc.).

Leçons d'hygiène. — Sans faire de nos enfants des médecins, on doit leur apprendre nettement l'influence qu'ont sur la santé l'exercice réglé, le choix du vêtement, la nourriture, l'orientation et la ventilation de la maison. Un simple programme de six leçons, rédigé par l'Académie de médecine, précise la nature et l'objet de cet enseignement sommaire.

Enseignement des langues vivantes. — Ici le ministre demanda « le concours le plus énergique de tous » pour parvenir à ce que les élèves, en sortant du lycée, parlent réellement une langue vivante. Il rappelle les mesures qu'il a prises en ce sens, le caractère obligatoire de cet enseignement, la sanction dont il va être suivi, le projet définitif qui est mis en avant de créer à l'École normale supérieure une section de langues vivantes.

Histoire et géographie. — Exécuter les instructions de septembre 1871. — Mettre les programmes en accord avec les réformes récentes. — Appliquer provisoirement, mais immédiatement, les projets de programmes qui ont été publiés. — Donner aux élèves le goût des cartes murales. — Leur faire faire des promenades topographiques.

En histoire, enseigner la vérité. « Les professeurs d'histoire sont, au fond, des professeurs de morale et de philosophie. »

Modifications à apporter dans l'enseignement du latin et du grec; urgence de ces modifications. — En 1802, l'Université n'enseignait que deux choses, «le latin et les mathématiques». Ce sont les termes mêmes de l'arrêté qui lui fixe sa route. Les autres enseignements n'y avaient pas de place sérieuse. Peu à peu l'opinion publique a réclamé de nouveaux enseignements; l'Université a obéi. Elle a introduit dans ses programmes le grec, la philosophie, l'histoire, la physique, la chimie, l'histoire naturelle, les langues vivantes. Bref, en 1873, le programme des cours universitaires est une encyclopédie. D'autre part, l'élève est surchargé, il sait trop de choses et les sait mal. De là une situation et des problèmes qui préoccupent tout le monde.

M. Jules Simon déclare franchement que l'heure est venue de transformer le système général de l'enseignement secondaire, en réduisant l'étude du latin à ses justes proportions.

Que l'on ne puisse pas maintenir l'étude du latin dans ses proportions primitives, c'est évident. Que l'on parle de la supprimer ou d'en diminuer l'importance, c'est un «véritable crime», car «les civilisations grecque et romaine sont la forme la plus parfaite du développement de l'esprit humain, et l'on ne saurait renoncer à les étudier dans leur propre langue, et à recevoir directement, de tant de maîtres incomparables, les plus hautes leçons de l'art, de la morale et de la logique».

Mais le latin au XIXᵉ siècle est tout à fait une langue morte. Les progrès de l'enseignement des langues vivantes achèvent, complètent cette transformation. Il est donc naturel d'*enseigner le latin autrement* qu'on ne le faisait jusqu'ici. En conséquence, le ministre met la question à l'étude, la soumettant à l'expérience des professeurs, et, en attendant, il prend les premières mesures réalisables et jugées telles par les maîtres les plus compétents.

La circulaire aborde ensuite les questions suivantes :

9° *Classes élémentaires;*
10° *Récitation des leçons;*
11° *Le thème;*

1 2° Le vers latin;
1 3° La version;
1 4° Les interrogations, l'explication des auteurs.

Elle se termine par de nouvelles prescriptions sur :

1 5° Les exercices de langue et de littérature françaises;
1 6° L'usage de la bibliothèque, la méthode de lecture, etc.

Ces questions scolaires, qui ne semblent au public que de pacifiques débats, furent au contraire, pour M. Jules Simon, l'occasion d'une vraie bataille. Il rompait en visière à toute l'Université classique en démontrant que la moitié des exercices latins devait disparaître.

Voici, en conclusion et en résumé, ce qu'il proposait : Diminuer la part faite jusqu'alors à l'enseignement des langues anciennes. Maintenir ces études comme la base de toute éducation solide, mais en transformant les méthodes vieillies et en abandonnant les exercices devenus inutiles. Adopter ce principe : on apprend les langues vivantes pour les parler, les langues mortes pour les lire. En conséquence, supprimer ou restreindre le vers latin, le thème, la dissertation latine, le discours latin; au contraire, développer la lecture, l'explication des auteurs, la traduction à haute voix et la version écrite. Ainsi trouvera-t-on du temps pour toutes les études, sans répudier l'étude des civilisations antiques.

M. Jules Simon, pas plus que M. Duruy, n'a pu réaliser toutes les vues qui lui paraissaient justes. Mais personne n'a, mieux que lui, caractérisé le mal, formulé le bien, et marqué les étapes que devra franchir successivement l'Université dans la voie du progrès.

Quelque jugement que l'on porte de ces deux ministères et des projets qu'ils ont élaborés, il est impossible de nier que des réformes capitales aient été sans cesse en élaboration dans l'Université, et que deux professeurs ministres aient inspiré, dirigé, exécuté les plus importantes.

ENSEIGNEMENT LIBRE.

SAINTE-BARBE. — L'ÉCOLE MONGE.

A l'Exposition de 1878, l'enseignement libre s'est présenté dans des conditions singulières, très fort et en même temps exclus d'avance du concours. En effet, ses deux principaux établissements, Sainte-Barbe et Monge, ont pour chefs M. Dubief et M. Godard; l'un et l'autre font partie du Jury. Les autres membres du Jury ont alors décidé qu'ils visiteraient les deux écoles comme ils avaient visité le lycée Henri IV et le lycée de Vanves, afin de comparer et au besoin d'opposer le système libre au système de l'État. En effet, la question qui intéresse le public et les familles est de savoir lequel vaut le mieux, de l'enseignement libre ou de l'enseignement de l'État.

A Sainte-Barbe, au lieu de trouver un foyer d'opposition à l'Université et à l'enseignement classique, on a entendu ces paroles du directeur, M. Dubief, qu'il a prononcées en public et depuis imprimées :

« Fidèles auxiliaires de l'Université pendant plus de soixante-dix ans, nous n'avons jamais été gênés ni dans notre indépendance, ni dans notre initiative par le respect que nous avons toujours professé pour cette grande institution nationale. On sait que, les premiers, nous avons appliqué le principe de l'association à l'enseignement libre, et fondé, en 1820, cette Société amicale qui a servi à tant d'autres de modèle. On sait aussi que, les premiers, nous avons créé une grande école préparatoire, un petit collège à la campagne, des cours préparatoires à la licence et à l'agrégation. Ce que l'on connaît moins, ce sont les efforts incessants que nous avons faits pour rajeunir notre organisation et la mettre en rapport avec les exigences de notre époque. L'Exposition universelle est pour nous une occasion de montrer tout ce que nous avons imaginé pour rendre plus accessibles aux intelligences moyennes et

Gr. II.
—
Cl. 7.

plus efficaces l'enseignement des langues anciennes et celui des langues vivantes. Mais si, dans une exposition de ce genre, il est possible de mettre en lumière ce qui est matériel, tangible, il n'en est pas tout à fait de même pour ce qui est du domaine intellectuel et moral. On ne met pas son cœur sous une vitrine, et c'est surtout par le cœur que vaut Sainte-Barbe. »

En terminant le discours public auquel nous empruntons ces paroles, M. Dubief a été plus explicite encore sur la question des rapports établis entre l'Université et l'enseignement libre tel qu'on le comprend à Sainte-Barbe :

« Si j'ai parlé avec trop de complaisance de notre cher collège, qui nous a élevés, pauvres ou riches, avec la même tendresse, qui nous a appris à aimer tout ce qui est bon et beau dans ce monde, j'espère trouver grâce devant vous, parce que je n'ai pas la prétention de l'exalter aux dépens de personne, parce que, dans mon affectueuse gratitude, je ne le sépare pas de l'Université. »

Dans la même séance, un de nos magistrats les plus considérés, M. Lefebvre de Viefville, s'est levé et a confirmé en ces termes les paroles de M. Dubief, en ce qui touche la constitution et le but de Sainte-Barbe :

« Puissamment secondée par l'Association des anciens élèves qui compte aujourd'hui plus de quatre mille membres, et dont l'avenir est assuré par des fondations s'élevant à 550,000 francs, la société du collège, dont le capital, réalisé sous diverses formes, est aujourd'hui de plusieurs millions, a pu poursuivre ce qui a été le but constant et ce qui est la raison d'être de Sainte-Barbe, la recherche et l'application de toutes les méthodes nouvelles d'enseignement secondaire, de tous les moyens pratiques de mettre l'éducation des enfants et des jeunes gens qui nous sont confiés dans un rapport exact avec la société moderne dans laquelle ils sont appelés à entrer. »

Nous devons maintenant entrer dans le détail pratique de l'organisation et de l'histoire de cette grande école, car l'institution Sainte-Barbe paraît pour la première fois dans une Exposition universelle : il serait juste, par conséquent, de faire connaître non pas seulement ce qu'elle a fait depuis 1867, mais ce qu'elle a fait précédemment. Placée hors concours (parce que son directeur fait partie du Jury des récompenses), elle doit trouver dans ce Rapport le rang qu'elle n'a pas ailleurs, et nous voudrions retracer ses annales; mais elles sont si considérables que M. Quicherat, en racontant l'histoire de l'école depuis l'origine, y a employé des volumes. Succédant à l'ancienne Sainte-Barbe, dont la création remonte au xv° siècle, la nouvelle Sainte-Barbe, qui a été fondée en 1798, a été constituée en société en 1841 et appartient à ses anciens élèves représentés par un conseil d'administration.

Son caractère désintéressé résulte notamment de ce fait que d'après leurs statuts les actionnaires ne peuvent recevoir pour tout dividende que l'intérêt légal du capital versé (5 p. o/o); les bénéfices sont entièrement employés à des améliorations et à des bonnes œuvres.

L'esprit d'initiative s'y est traduit dans le passé par plusieurs créations importantes et, depuis quelques années, par des innovations non moins heureuses, qui ont été apportées dans l'enseignement des langues anciennes, des langues vivantes, des sciences, de la géographie et du dessin.

Elle a fondé : 1° en 1820, une association amicale des anciens élèves qui a précédé de longtemps toutes les associations du même genre et qui compte en ce moment plus de quatre mille membres; 2° en 1835, une école préparatoire à toutes les écoles du Gouvernement, sur laquelle celle de Saint-Louis et de Sainte-Geneviève ont pris modèle; 3° en 1851, le petit collège de Sainte-Barbe-des-Champs, qui a été installé avant les autres collèges de même nature établis à la campagne, soit à Vanves, soit en province; 4° en 1842, des cours libres d'enseignement supérieur pour les candidats à la licence et à l'agrégation; on sait quel a été le succès de ces cours, auxquels sont admis gratuitement tous ceux qui ne sont pas en état de payer une rétribution.

L'établissement se compose de cinq divisions distinctes : le petit collège de Sainte-Barbe-des-Champs, qui reçoit les enfants depuis les classes élémentaires jusqu'à la cinquième inclusivement; la maison classique à Paris, où les élèves achèvent leurs études littéraires et scientifiques jusqu'aux épreuves des deux baccalauréats ; l'école préparatoire au commerce et à l'industrie ; une école préparatoire à toutes les écoles de l'État ; enfin les cours d'enseignement supérieur dont il vient d'être parlé.

Ces divers enseignements sont placés sous la surveillance d'un conseil de perfectionnement.

Un dixième environ des élèves de Sainte-Barbe suivent les cours du lycée Louis-le-Grand ; c'est une manière pour eux de se mesurer avec les élèves de ce grand établissement et de prendre part aux concours de la Sorbonne.

Enseignement des tout jeunes enfants. — A Sainte-Barbe, les enfants commencent l'étude du latin en septième, un an plus tard que dans les établissements de l'État et après qu'ils ont reçu une forte instruction primaire : les plus jeunes sont spécialement confiés à des institutrices qui veillent à la fois sur leur instruction et leur éducation. Outre l'enseignement ordinaire, on leur donne dans toutes les classes quelques notions de sciences physiques et naturelles. On met d'ailleurs en pratique, pour l'enseignement de la géographie et du dessin, certains procédés qui ont réussi à l'étranger. Ainsi rend-on la géographie attrayante pour les enfants en s'adressant beaucoup à leurs yeux, en les faisant passer de ce qui les entoure à ce qu'ils ne connaissent pas, et en leur apprenant à lire les cartes. Les professeurs font au tableau noir des croquis que les élèves doivent rapporter sur leurs cahiers à main levée. En ce qui concerne le dessin, on exerce les tout jeunes enfants à la lecture et à l'écriture des formes les plus simples, en portant toute leur attention sur l'exactitude de la reproduction : on veut qu'ils arrivent à se servir de leur crayon aussi facilement qu'on se sert de la plume.

Langues anciennes. — Il y a en ce moment une disposition assez marquée en France à s'approprier les méthodes étrangères. L'enseignement secondaire de l'Allemagne, qui a peut-être le défaut de réduire outre mesure les devoirs écrits, le travail personnel, et de faire trop bon marché des exercices de composition et de style, a un avantage incontestable ; c'est de permettre aux élèves de parcourir plus d'auteurs et de meubler leur mémoire d'un vocabulaire latin et grec qui leur rend plus facile l'explication des textes. Sainte-Barbe a pensé qu'il y avait sous ce rapport quelques emprunts à faire à nos voisins d'outre-Rhin. En conséquence, sans supprimer les devoirs écrits, qui ont une utilité réelle, elle a rendu plus fréquents les exercices oraux. Elle s'est attachée en outre à rendre plus intéressante, plus profitable, la correction des devoirs écrits : au lieu de lire machinalement sur son brouillon le thème ou la version, comme cela se fait ordinairement, c'est sur le texte et de mémoire que l'élève est obligé de les reproduire. Le professeur peut ainsi apprécier si celui-ci a dans la tête ce qui se trouve sur sa copie ; il corrige les fautes à mesure qu'elles se présentent ; un autre élève répète le devoir ainsi épuré. C'est une correction collective qui met en éveil la mémoire et l'attention, qui fortifie chaque membre de la classe et sert d'exercice à tous les esprits. Comme d'ailleurs le plus grand nombre des devoirs est corrigé par les professeurs en dehors de la classe, il reste beaucoup de temps aux élèves pour les traductions à livre ouvert et l'explication courante des grands écrivains de l'antiquité. On fait aussi usage à Sainte-Barbe, avec un certain succès, des exercices qu'on appelle en Allemagne les *extemporalia.*

Pour laisser plus de place aux autres facultés, on a cru devoir supprimer certains exercices, tels que les vers latins et la dissertation latine, dont l'utilité est l'objet de beaucoup de discussions.

Langues vivantes. — Une grande extension a été donnée dans cette maison à l'étude des langues vivantes ; on y consacre dans les classes élémentaires jusqu'à une heure par jour. Tous les élèves apprennent successivement l'anglais et l'allemand ; ils commencent par l'étude de l'allemand et n'abordent celle de l'anglais qu'à partir de la classe de quatrième. Mais les mesures précédemment prises viennent d'être complétées par une innovation dont il est permis d'attendre les meilleurs résultats. Chaque année, les élèves sont envoyés, vers la fin de la troisième, dans une ville d'Allemagne, vers la fin de la seconde, en Angleterre, et ils y restent pendant quelques mois sous la surveillance d'un professeur du collège qui leur apprend l'allemand ou l'anglais sur place, sans cependant qu'il y ait interruption pour les autres études. Ils sont répartis, deux par deux, dans des familles du pays, de manière à ne pas être tentés de converser entre eux dans leur langue maternelle. Ils peuvent, à la fin de la seconde, s'ils le préfèrent, retourner à la même époque en Allemagne, au lieu d'aller en Angleterre.

Classes, récréations, promenades instructives. — De tout temps, Sainte-Barbe a eu pour principe de répartir les élèves de ses cours intérieurs dans des divisions peu nombreuses, de manière que les professeurs aient sur chacun d'eux une action plus efficace.

Les classes ne durent, en général, qu'une heure et demie (elles sont exceptionnellement de deux heures le matin pour quelques catégories d'élèves). On les coupe par des récréations plus fréquentes que dans la plupart des autres établissements. Les élèves ne sont pas astreints au silence dans les réfectoires.

Qu'il s'agisse d'art, de lettres ou de sciences, on s'attache, à Sainte-Barbe, à vivifier l'enseignement par des exemples. Depuis plusieurs années on y a organisé des promenades instructives, sous la conduite de professeurs spéciaux, qui font visiter aux élèves les musées, les principaux monuments, les collections archéologiques, le Muséum d'histoire naturelle, le Conservatoire des arts et métiers, les grands établissements scientifiques et industriels. Les jours de congé, on les fait assister à des concerts de musique classique.

Livres en usage. — L'institution Sainte-Barbe a exposé une collection de livres faits par ses professeurs tout exprès pour l'usage de ses élèves et qui ont été adoptés dans beaucoup d'autres maisons.

La valeur réelle d'une institution se mesure aux résultats obtenus. Les succès remportés depuis tant d'années par Sainte-Barbe dans les luttes universitaires et dans les concours d'admission aux écoles de l'État indiquent le mérite de ses méthodes d'enseignement et celui des professeurs, presque tous anciens barbistes, dont elle se sert pour les appliquer. L'attachement durable que lui gardent ses élèves, l'affection fraternelle qui les unit entre eux, témoignent de la bonne éducation qu'elle leur donne et du soin qu'elle prend de développer leur cœur autant que leur esprit.

Pour être juste, il faudrait parler ici (et précisément à propos de cette communion des esprits dans une grande école) de l'influence personnelle exercée par les directeurs de Sainte-Barbe sur toute la vie de la maison. Mais cette influence est connue et pour ainsi dire proverbiale. M. Dubief, directeur actuel, a hérité d'une tâche considérable en acceptant ce poste élevé, et il s'en est acquitté de telle sorte que le Jury a demandé à l'unanimité pour lui la croix d'officier de la Légion d'honneur; il a été entendu et ce témoignage, dans lequel l'opinion a été de concert avec le pouvoir, résume ce que nous pouvions dire de M. Dubief.

L'ÉCOLE MONGE. — Après avoir visité Sainte-Barbe, le Jury a visité l'École Monge. Là, on n'espérait pas trouver la même adhésion aux idées générales de l'Université qu'on avait entendu exprimer ailleurs. Jeune et militante, l'École Monge accentue davantage la pensée des réformes. En s'avançant avec résolution dans les voies de l'avenir, elle a pour rôle de combattre le passé, et si elle ne prend pas la responsabilité des idées qu'on lui prête, ses amis, ses auxiliaires, quand ils parlent d'elle, ne s'imposent aucune réserve. Elle était précédée à l'Exposition de 1878 de la réputation un peu bruyante que l'on fait aux novateurs intolérants et hardis, réputation justifiée quand on lit, par exemple, dans le discours prononcé en 1876 par M. A. Lavalley, que « les chefs de l'Université avaient toujours ajourné l'heure de commencer les réformes ». Des assertions de cette nature (atténuées, nous le reconnaissons, par l'orateur lui-même qui rend justice aux intentions et aux efforts des ministres de l'instruction publique) dépassent le but et sont injustes envers des hommes tels que MM. Duruy et Jules Simon qui ne se sont pas contentés de simples intentions, mais qui ont agi. Nous ne rappelons ici ces petites échappées de paroles que pour expliquer la situation faite à l'École Monge par quelques-uns de ses plus honorables amis, en 1876.

Après avoir visité l'école, entendu le directeur, étudié les programmes, écouté l'enseignement même des professeurs, bref, passé une sorte d'inspection en commun à laquelle on nous conviait, toutes portes ouvertes, nous avons compris le succès légitime de cette grande maison et le patronage que lui accordent des hommes considérables. Elle est née, en effet, de la pensée d'une réforme et du désir de l'accomplir sans retard; elle cherche à enseigner mieux, à faire un meilleur emploi du temps, à introduire les femmes dans les classes élémentaires, parce qu'elles s'occupent plus directement du but que des théories (et non pas, comme l'indique un ami maladroit de l'école, parce qu'on mêle les caresses aux leçons); elle cherche dans les innombrables détails de la vie scolaire à tenir compte de l'éducation du corps comme de celle de l'esprit; elle veut de l'air dans l'école et de la clarté dans les méthodes; elle se propose enfin d'élever les enfants pour le XIXe siècle, qui est cosmopolite et scientifique.

Réaliser de pareils vœux suppose beaucoup d'intelligence, d'activité et d'argent. Par quel effort continu le directeur, M. Godard, est-il parvenu à faire sortir de terre l'école nouvelle? C'est une histoire longue et minutieuse que nous n'avons pas à raconter, mais dont nous retiendrons les deux traits dominants : il a fallu ici une conviction et une ardeur de volonté exceptionnelles, servies par de vastes connaissances et la passion de l'enseignement; c'est le premier caractère de la fondation et du fondateur. Mais, en outre, il a fallu, au lieu de l'esprit d'exclusion orgueilleuse que l'on prêtait à Monge, une largeur d'idées plus digne d'un vrai chef. Et, en effet, loin de déclarer la guerre à l'Université, M. Godard a essayé de lui emprunter ce qu'elle avait de bon; c'est dire qu'il lui a emprunté plus d'un professeur; en pénétrant dans l'école, nous avons vu un mélange méthodique de l'esprit rigoureux de l'enseignement universitaire et de nouveaux procédés d'enseignement.

Le succès a donc ici une justification sérieuse; c'est par le sincère travail que Monge est parvenu à ce point d'être obligé de se transplanter lui-même et de se construire, au haut d'un de nos grands boulevards, une sorte de *palais :* ce mot est d'un orateur, M. Laboulaye, un des hommes en vue que l'usage de l'école est d'appeler au milieu des élèves :

« Dans mon temps, leur disait-il, une école, bien plus un collège, un lycée, c'était une espèce de caserne dans laquelle l'air circulait très économiquement et le soleil se voyait rarement; nous avions tant de place pour jouer, qu'on nous priait de nous promener les uns derrière les autres et surtout de ne pas nous pousser. Cela vous fait rire, mais nous, nous ne riions pas, et quand il fallait rentrer le dimanche soir dans cette prison sombre et grillée, nous avions le cœur bien gros et nous embrassions notre mère plus tendrement que jamais. Vous, au contraire, vous êtes les frères aînés de l'enfant prodigue : tout est pour vous. Un palais, je le répète, de l'air, du soleil et des professeurs qui s'occupent de vous; car ils sont attachés à un petit nombre d'étudiants qu'ils peuvent affectionner, qu'ils peuvent aimer. Cela n'existait pas dans notre grande caserne. »

Et, plus loin, en parlant des méthodes d'autrefois, M. Laboulaye disait encore, avec ce ton du bon sens familier dont il a le spirituel secret :

«De mon temps, on ne nous apprenait que ce que nous ne voyions pas, que ce que nous ne touchions pas; on nous avait mis dans la main la grammaire de Lhomond, dont j'ai toujours retenu la première phrase (mais je n'ai jamais retenu que celle-là); elle commençait ainsi : «La métaphysique ne convient pas aux en-«fants...» Or, on nous faisait tout le temps de la métaphysique et on nous exposait des théories diaboliques sur les règles de la syntaxe, auxquelles nous ne comprenions rien; celui qui avait le plus de mémoire en retenait parfois les termes et les répétait, mais il ne fallait pas lui en demander l'explication. »

Nous n'en dirons pas davantage sur l'histoire de l'École Monge, dont nous voudrions cependant étudier le mécanisme de plus près. A défaut d'une explication complète, nous donnerons du moins ici des indications sur quelques points des programmes. Voici d'abord les *Instructions générales* qui président à tout l'enseignement :

INSTRUCTIONS GÉNÉRALES.

Emploi du temps dans la classe. — 1° Compte rendu des devoirs de la classe précédente;

2° Revision de la leçon précédente;

3° Explications faisant suite à la leçon précédente;

4° Exercices pendant dix minutes ou un quart d'heure, comme applications ou explications de la leçon.

Enseignement oral. — Procéder du facile au difficile, aller du simple au composé, du connu à l'inconnu; ne passer à une autre question qu'après s'être assuré que celle qui est enseignée est comprise et sue.

Exercer les élèves à tout dire, à tout expliquer, afin de les habituer à rendre compte de ce qu'ils savent ou conçoivent; c'est d'ailleurs l'unique moyen de s'assurer s'ils ont compris et retenu et de rectifier leur jugement.

D'un autre côté, les élèves, pour être compris de leurs condisciples, devront s'efforcer eux-mêmes de comprendre et de s'exprimer clairement. Ce travail intellectuel facilitera donc la tâche du maître.

Exercices. — Les exercices devront être simples et en rapport avec le développement intellectuel des élèves; ils s'appliqueront à des objets bien connus, appartenant aux élèves ou les environnant, à des questions usuelles et d'actualité. En même temps que le mérite de l'utilité, ils auront celui de l'intérêt qu'ils offriront aux élèves.

Tenue des cahiers. — Accoutumer les élèves à écrire et à disposer sur leur papier, avec ordre et méthode, tous les exercices faits au tableau noir; de telle sorte que le cahier soit une reproduction, leçon par leçon, du tableau. Les élèves contracteront ainsi de bonne heure l'habitude du goût et de la clarté dans leurs travaux; cette régularité et cette uniformité faciliteront d'ailleurs la correction et la comparaison des devoirs.

Revision. — On fera chaque année une revision du cours des années précédentes; les élèves arriveront ainsi à posséder sans lacune, à la fin de la cinquième année, toutes les matières du programme de la première division.

Voici les instructions spéciales qui concernent l'enseignement de la grammaire et qui modifient les anciens usages :

GRAMMAIRE FRANÇAISE. — PREMIÈRE ANNÉE.

L'enseignement de la langue française, dans la première année, a pour objet principal d'initier les plus jeunes enfants à l'étude de la langue maternelle. On y part de ce principe, qu'ils savent, par avance et d'instinct, la langue dont on va les occuper, qu'en la parlant ils obéissent déjà à une sorte de grammaire naturelle, et qu'il s'agit tout d'abord de la leur faire retrouver en eux-mêmes, analyser et raisonner, de manière qu'ils finissent par en avoir la conscience claire et réfléchie.

La grammaire de la première année est forcément très simple et très bornée. Le livre mis entre les mains de l'enfant ne lui présente que les seuls faits qui lui sont familiers, les seules règles des opérations dont il a l'habitude, et le professeur doit se renfermer avec prudence dans les limites tracées par l'expérience.

Il faut qu'une autre considération domine encore ce premier enseignement : l'enfant ne doit pas seulement apprendre la correction dans le langage; il n'est pas moins indispensable qu'il arrive à bien écrire les mots dont il se sert. Or, l'enseignement s'adresse à la fois à son oreille, pour les mots parlés, à ses yeux, pour les mots écrits; il importe donc de lui faire simultanément cette double éducation, en gravant pour toujours dans sa mémoire les mots sous la forme sensible, matérielle, qui leur appartient, et en familiarisant aussi l'enfant avec l'usage qu'il peut en faire. C'est ce qui explique la grande importance que l'École Monge donne, dès la première année, à l'orthographe usuelle, au sens et à l'emploi des mots.

Enfin, l'enfant doit être mis le plus tôt possible en état de penser par lui-même. La grammaire ne peut pas être uniquement un code de règles sèches et abstraites, qui lui serve à régler l'orthographe des mots; elle doit être surtout pour lui une sorte de logique élémentaire appropriée à ses forces et à ses besoins, comme un instrument au moyen duquel on développe en lui la faculté d'invention et le jugement. Il faut qu'on l'exerce dès le début à trouver ses idées, à les exprimer clairement, à les enchaîner avec justesse. À mesure que s'étendra son vocabulaire, à mesure aussi qu'il reconnaîtra en lui-même et qu'il éclaircira cette grammaire intuitive, qui n'est autre chose que le premier travail de la raison appliquée à la pensée et au langage, il devra en tirer une facilité plus grande de produire l'une et l'autre.

Afin d'obtenir immédiatement ce précieux résultat, les enfants de première année mènent de front toutes les parties essentielles de la grammaire. On ne suit point avec eux l'ordre successif des dix parties du discours, partagées entre les études distinctes de la lexicologie et de la syntaxe, en les promenant longuement à travers « les landes arides » (*Père Girard*) du nom, de l'article, de l'adjectif et du pronom, pour n'arriver que plus tard au verbe, étudié aussi sous cette forme abstraite qui rend le travail fastidieux et stérile, et couronner le tout en traitant des mots invariables. L'intelligence entre en jeu tout de suite. En même temps qu'on apprend aux jeunes enfants à distinguer les lettres, à se rendre un compte exact de leur valeur dans la prononciation et dans les mots écrits, on commence sans retard l'étude sommaire des parties du discours autres que le verbe, de manière qu'ils puissent aisément les reconnaître dans leurs exercices de lecture ou de récitation. Ces premières notions générales acquises, on termine en insistant plus longuement sur le nom, l'article et l'adjectif. Mais surtout on aborde, concurremment avec ces études et dès le premier jour, celle du verbe; et cette étude, pénétrant les autres qui l'accompagnent parallèlement, vient les féconder toutes et porter la vie où il n'y a trop souvent pour les enfants que sécheresse et stérilité. L'enfant s'habitue à penser et à parler, tout en faisant de la grammaire; il ne voit pas seulement dans les mots les différentes flexions dont ils sont susceptibles, mais il en pénètre le sens; il apprend à les unir pour former, pour exprimer des pensées; il pense, il parle, il écrit, et, par une observation bien dirigée, par une analyse et une synthèse constantes, qui ne sont autre chose que l'expérimentation appliquée aux opérations de sa jeune intelligence, il prend peu à peu possession de lui-même, il développe sûrement ses forces, et, après une année de cette utile gymnastique, il se trouve en état d'aborder sérieusement une étude dont on lui a fait comprendre ainsi l'importance et l'utilité.

Malgré l'excellence de ces indications, il y a encore à simplifier davantage, croyons-nous, les premiers enseignements de grammaire. L'École Monge tend à ce but, comme le prouve l'observation suivante, ajoutée au programme :

OBSERVATION. — En première année, les enfants ne sont exercés à conjuguer que les temps dont ils se servent habituellement dans le langage : l'indicatif présent, l'imparfait de l'indicatif, le passé défini, le passé indéfini, le plus-que-parfait, le futur, le futur antérieur, le conditionnel présent, le conditionnel passé, l'impératif, le présent du subjonctif, l'infinitif présent, le participe présent, le participe passé. Les autres temps sont reportés à l'année suivante, comme n'offrant point encore à l'esprit de tout jeunes enfants une idée suffisamment claire et n'intervenant presque jamais dans l'énonciation de leurs pensées.

Le Jury a examiné d'autres écoles libres que l'institution Sainte-Barbe et l'École Monge, entre autres une fondation récente digne d'attention, l'*École alsacienne*.

L'École alsacienne, dirigée par M. Rieder, s'est occupée avec un soin particulier des méthodes et des procédés d'enseignement. Par les leçons de choses, par les excursions instructives, par le mode de lecture, par les explications libres d'un sujet ou d'un texte, par la suppression des devoirs écrits qui seraient superflus, par l'exercice du calcul mental, etc., elle entreprend de donner du jeu à l'intelligence de l'enfant, et jusqu'ici ses efforts ont été couronnés de succès. C'est pourquoi le Jury a tenu à la nommer honorablement, plutôt qu'à lui offrir une récompense qui lui sera réservée sans doute à une prochaine exposition, quand elle sera moins nouvelle.

Une autre *École libre* s'est recommandée au Jury, celle de Bischwiller, fondée en 1862, par M. Kuff ; on a écouté avec intérêt les explications du fondateur ; mais il s'agissait ici d'une œuvre rétrospective, et le Jury n'a pu qu'enregistrer l'histoire de cette tentative.

DÉVELOPPEMENT DES ÉCOLES TECHNIQUES.

Avant de rapporter ici les jugements du Jury sur l'enseignement technique, nous devons esquisser rapidement l'histoire toute jeune encore de cet enseignement.

Les écoles techniques n'ont été, dans le principe, que des écoles d'apprentis, nées du besoin, et au fond presque étrangères aux idées d'intérêt public. L'industrie, pour recruter ses auxiliaires, pour accélérer les progrès des ouvriers novices, pour occuper ou moraliser les enfants, reconnut de bonne heure la nécessité d'ouvrir quelques écoles qui seraient des pépinières d'artisans et des classes préparatoires. Aussi trouve-t-on, dès le commencement du siècle, ces écoles improvisées à côté de la fosse du mineur ou des fours du verrier (lequel, par exemple, instruit ses fils pour l'emploi de *gamins*). Elles s'imposent à l'industrie. La nécessité paraissant moins urgente au commerce, il ne songera que plus tard à demander à l'enseignement un appui sérieux. Pour le commerce comme pour l'agriculture et les beaux-arts, ce sont plutôt des hommes d'État, des philanthropes et des économistes qui déterminent le mouvement : leurs créations gardent au début le caractère intéressant, mais restreint, des projets individuels et des réformes en voie d'élaboration. Que l'école technique s'établisse dans la propriété du duc de la Rochefoucauld-Liancourt, ou qu'elle soit votée par la Convention, que les Casimir Perier et les Jacques Laffitte fondent une école de commerce, ces exemples féconds ne déterminent pas du premier coup le courant d'idées et de convictions qui seul peut entraîner toutes les classes vers un but nouveau et utile.

Une seconde période s'ouvre avec la création des chemins de fer, l'accélération des transports, l'élargissement du champ des affaires et plus tard la rapidité instantanée du télégraphe. La révolution apportée dans la distance, dans le temps et dans les tarifs force tous les esprits en inquiétant tous les intérêts. Désormais la nécessité de créer un enseignement intermédiaire qui prendra place entre l'école de village et le lycée, qui sera théorique et pratique, apparaît plus visible et plus nette au commerçant comme à l'industriel. L'idée est mûre. Mais les difficultés d'exécution se montrent en même temps, difficultés de tout genre, questions de budget, de local, de personnel, de programmes et d'appropriation. Les uns se séparent de l'État et ne comptent que sur l'initiative privée; les autres, au contraire, demandent que l'État prenne la charge de l'enseignement nouveau; et parmi ces derniers les uns rattachent l'enseignement technique à l'enseignement primaire sous le nom d'enseignement primaire supérieur, les autres veulent le faire entrer dans l'enseignement de nos lycées, sous le nom d'enseignement spécial. Ces débats et ces études nous conduisent jusqu'à l'année 1865, qui est la date de la loi sur l'enseignement spécial, et jusqu'à l'année 1867, qui est celle de l'avant-dernière exposition universelle. On s'explique que dans cette exposition et dans les rapports auxquels elle a donné lieu, la question se soit présentée sous un aspect tout à la fois nouveau et indéterminé. Là l'enseignement technique, qui ne peut encore ni prendre un nom définitif, ni exposer des résultats que le temps seul donne aux institutions, a une physionomie militante. Il attaque ses voisins et, au lieu de s'appuyer sur eux en prenant place parmi eux, il demande toute la place. Dans tout ce qui a été écrit alors, l'enseignement secondaire classique est visé spécialement et malmené; d'ailleurs, il ne figure pas dans les cadres de la précédente exposition. Sous l'écriteau qui lui est consacré, on ne voit et on n'entend que le nouveau venu qui parle de se substituer à lui.

Par un concours de circonstances, qui n'est pas un effet du hasard, en 1866, entre l'époque de la loi de 1865 et celle de l'Exposition de 1867, une école s'ouvre, qui est devenue la mère française de beaucoup d'autres : je veux parler de l'école de Mulhouse. Quand la guerre, quatre ans plus tard, établit l'étranger en Alsace, professeurs et élèves, fondateurs et directeur viennent à l'Ouest, et des écoles naissent, en 1871 et en 1872, au Havre, à Rouen, à Lyon, à Marseille, à Lille. C'est une nouvelle période qui commence ; les malheurs publics n'y sont pas inutiles. Sous les coups de l'évidence, beaucoup d'esprits indifférents ou mal éclairés reconnaissent la nécessité pour la France d'une éducation pratique, contemporaine et au courant des choses de l'Europe. Déjà poussés en avant par les progrès de la vapeur et du télégraphe, ils sont décidément avertis par les revers de 1870. Ce qu'avait commencé la prospérité industrielle et commerciale se trouve achevé par les désastres mêmes. Comme les expériences d'enseignement sont faites au moment de cette douloureuse expérience publique, on tâtonne moins, on va au but, on étudie sans amour-propre les bonnes choses déjà faites. Bref, on procède à l'organisation des écoles techniques. Chaque grande ville s'y intéresse, des sociétés les protègent, les municipalités les aident à naître et les soutiennent. On trouve des directeurs et des maîtres qui exécutent des travaux ou rassemblent des documents jusqu'alors inachevés ou épars. En outre, il s'établit peu à peu entre les écoles nouvelles une solidarité et une gradation qui leur manquaient. La solidarité les rapproche sur le terrain qui leur est commun ; la gradation, au contraire, les sépare, les distingue et les étage. Tandis que des directeurs futurs vont de ville en ville, pour étudier l'œuvre faite ou pour s'associer aux expositions partielles entreprises par leurs confrères, chaque localité insiste sur telle ou telle partie de l'enseignement qui lui importe davantage. Dans les ports de Marseille, du Havre et de Bordeaux, se développent des cours relatifs aux armements et aux transports maritimes. A Lyon, à Rouen, à Roubaix, le tissage et la filature occupent naturellement plus de place. L'agriculture du Nord figure dans le nom même de l'Institut commercial, agronomique et industriel de Lille. Au contraire, dans le même département, la ville de Douai se préoccupe des arts et leur ouvre ses écoles académiques. Peu à peu tout prend sa place et sa proportion. Au début, les cours d'adultes et les cours d'apprentis, les leçons de comptabilité. Au-dessus de ces classes préparatoires, les cours supérieurs de commerce ou d'industrie. Dans telle ville, ensuite,

les industries spéciales : l'horlogerie à Besançon, les mines à
Saint-Étienne, la filature et le tissage à Lyon, etc. On atteint en
même temps l'unité possible et l'on évite l'uniformité.

Il arrive alors que les institutions enfantées par le commerce
et l'industrie réagissent sur l'industrie et le commerce, en élevant
le niveau des connaissances, en étendant la sphère des relations,
en avivant l'esprit d'entreprise. Des cours et des ouvrages qui
manquaient au négociant et au chef d'atelier sont composés, publiés et répandus. Nous les voyons arriver à l'Exposition de 1878,
en bon nombre déjà et à un point de perfection inattendu. Qui
sait enfin si ce développement régularisé de l'esprit commercial et
du travail international (lequel suppose absolument l'étude des
langues vivantes) n'agira pas puissamment en faveur de la paix
universelle, en démontrant aux peuples la fécondité pour tous des
échanges pacifiques? S'il en était ainsi, le célèbre plan de Henri IV
et de l'abbé de Saint-Pierre, touchant la paix universelle, serait
exécuté par nos modestes professeurs, et la politique d'équilibre
de Richelieu, si elle est détruite, serait remplacée par l'harmonie
nécessaire des relations, des intérêts et des transactions européennes.

Il ne faut pas se dissimuler, quel que soit l'attrait de cette
perspective et quel que soit le progrès de nos écoles techniques,
qu'il se mêle bien des erreurs encore dans la doctrine de certains
maîtres. Il est à peu près inévitable qu'en parlant d'unir la pratique à la théorie, on ne donne pas la préférence à l'une des
deux. De même il faut s'attendre à voir quelques professeurs de
science déclarer de très bonne foi que la littérature est de trop
dans l'enseignement technique, ou même que les études purement
spéculatives sont stériles. C'est là un effet de l'entraînement et de
la conviction. Le mécanicien sur une locomotive mépriserait peut-
être Denis Papin, s'il voyait passer devant lui un vieux savant
réduit à la misère et cherchant toujours, tel que fut Denis Papin.
A plus forte raison dédaignera-t-il l'homme qui parle de philosophie, de droit, de beaux-arts et de littérature; et il sera d'autant
plus excusable que, dans nos grandes écoles scientifiques, des
esprits très distingués donnent l'exemple de ces jugements super-

ficiels : en effet, il s'y trouve des gens qui veulent que l'art de
penser disparaisse du programme consacré aux travaux de pensée.

On ne devra pas s'inquiéter outre mesure de cette tendance un
peu vulgaire. L'expérience de tous les jours la combat, sans qu'il
soit besoin de plaider la cause des études spéculatives. Il suffit
qu'un jour un jeune chimiste sorte de son laboratoire avec une
découverte et révolutionne toute une industrie pour que les mani-
pulateurs de la matière abandonnent leurs opinions préconçues
contre les « théoriciens ». De même il a suffi dans l'enseignement
que la bifurcation vînt jeter la grande majorité des élèves dans les
cours de sciences pour qu'on s'aperçût de l'utilité des lettres : les
professeurs de science pure (par exemple ceux du lycée de Douai,
en 1857), consultés par leurs chefs administratifs, déclarèrent
que tous les élèves sans exception, « qui n'avaient jamais fait de
lettres », étaient incapables de suivre les abstractions mathématiques; selon eux, la littérature ouvre, étend et assouplit l'intelligence, qui ensuite se ramasse volontiers et se fixe sur des opérations plus sévères et plus abstraites. On ignore généralement ces
vérités, et quelques maîtres, en blasphémant contre le latin, le
grec et la poésie, tombent dans l'erreur des élèves de Douai, qui
croyaient s'avancer dans les sciences par le seul fait qu'ils s'éloi-
gnaient des études littéraires. Je ne m'attarderai pas à répondre
aux paroles imprudentes que j'ai entendues ou rencontrées dans
certains ouvrages ; le culte des lettres, c'est le respect de la pensée
humaine. L'amour du beau, la fréquentation des chefs-d'œuvre et
des grands poètes, la connaissance respectueuse des grandes
langues parlées par les grands peuples, l'étude de l'histoire, de
l'éloquence, de la philosophie, du droit, l'intelligence des civilisations qui nous ont précédés, toutes ces nobles choses ne sont
pas seulement le charme de la vie et la richesse du pauvre; elles
sont la condition de la supériorité, elles donnent au caractère et
à la parole une force qui est aussi nécessaire au grand négociant
et au grand industriel qu'au magistrat et à l'orateur de profession.
Elles affermissent cette intelligence, qui est, avec le capital et le
bras, un des trois facteurs de la fortune; et une heure vient tou-

jours, dans la carrière de chacun, où l'intelligence seule est en jeu pour le soutenir ou le sauver.

Si j'ai insisté, plus que je ne le voulais, sur ce dernier point, c'est que précisément la période que nous traversons voit se produire dans l'enseignement technique des dispositions heureuses dans le sens du vrai. Tandis qu'en 1867, il était frondeur et envahisseur, il devient, en s'établissant, plus réservé et, pour dire le mot, plus spiritualiste. Les maîtres en la matière pensent que le commerce et l'industrie sont des carrières libérales qui doivent s'élever dans tous les sens, et que, même au nom des intérêts qui en semblent l'unique objet, il faut connaître de haut ses droits et ses devoirs. Ce dernier mot n'est pas un mot qui échappe à une plume : à côté du cours de droit commercial, on a fondé un cours complet sur les devoirs du négociant envers la société, envers chacun, envers lui-même. Le fondateur de ce nouvel enseignement est M. le docteur Penot, qui représente, par sa carrière et par son âge, tout le mouvement ascensionnel et moralisateur de l'enseignement technique.

Tel est, à larges traits, le tableau du développement graduel et divers de ce grand enseignement.

MINISTÈRE DU COMMERCE.

Le Jury de la classe 7 a été chargé d'apprécier la partie scolaire des travaux exposés sous le patronage du Ministre du commerce. Incompétent pour juger le côté industriel de ces travaux, il s'est abstenu de louer autant qu'elles peuvent être louées les expositions fort brillantes des écoles d'arts et métiers ; et je ne puis parler ici que du fonctionnement de l'enseignement technique officiel.

Il est institué au Ministère du commerce un *Conseil supérieur de l'enseignement technique*, dont l'existence même rappelle cette nécessité moderne d'aider la production par l'enseignement et de rendre publique la solidarité qui réunit le travail industriel à l'éducation.

Une commission d'enquête a recherché et étudié, de 1864 à

1874, les éléments de discussion qui ont été utilisés diversement à cette époque, soit dans l'élaboration des lois relatives au travail dans les manufactures, soit dans la confection des règlements administratifs ayant pour objet de protéger et d'encourager l'apprenti, l'ouvrier, l'ouvrière, le futur contremaître ou le futur commerçant. Cette commission s'est efforcée d'établir les principes d'après lesquels devait s'exercer l'action administrative, sans se laisser entraîner, comme il arrive souvent, à soumettre toute la France à une organisation uniforme.

Il y a intérêt pour tous, dans cette revue comparative, à connaître ces principes, qui ont dirigé jusqu'ici la conduite des choses. Ils sont exposés dans quelques documents officiels, qui datent déjà de loin, mais qui éclairent l'historique de ces questions : nous les analysons ici presque textuellement.

Enseignement des apprentis et des ouvriers. — Dans son rapport de 1865, la Commission de l'enseignement technique a reconnu que « les *Ateliers d'apprentissage* étaient l'un des moyens que l'on peut employer avec le plus de succès pour former sûrement et en peu de temps des ouvriers convenablement instruits ». Il y a donc, dit-elle, lieu d'appeler l'attention publique sur l'utilité des institutions de ce genre et d'encourager les fondations analogues, quelle que soit d'ailleurs leur forme, pourvu qu'elle réponde au but principal qu'on doit se proposer d'atteindre.

Il faut examiner d'abord ce qui se rapporte aux simples *Écoles de dessin* technique, industriel ou artistique, souvent reliées aux ateliers d'apprentissage, mais qui en sont parfois complètement distinctes.

Dans l'un comme dans l'autre cas, ces écoles doivent être regardées comme la base de l'apprentissage, et l'enseignement qu'elles donnent étant indispensable pour la pratique de toute industrie, il convient de les encourager pour ainsi dire toutes, en ayant égard aux conditions dans lesquelles elles sont appelées à fonctionner.

Dans les lieux mêmes où il n'existe pas d'industrie spéciale, celle du bâtiment, qui occupe tant de bras, peut toujours être utilement développée par la propagation des bons types de construction.

Il y a donc lieu d'aider, par la concession de modèles convenablement choisis, presque toutes les écoles de dessin fondées par les initiatives publiques ou privées.

Le *dessin linéaire* étant le point de départ et l'auxiliaire indispensable de tous les autres, en même temps que le plus généralement utile, c'est par celui-là et par ses principes élémentaires qu'il convient de débuter.

A cet effet des *collections*, déjà assez nombreuses, de modèles relatifs surtout à l'industrie du bâtiment et de la construction, ont été préparées par les soins du Conservatoire des arts et métiers. Les modèles sont destinés à faire connaître aux élèves les formes, les proportions, les dimensions, les assemblages les plus convenables pour les travaux de maçonnerie, de charpente, de menuiserie, de serrurerie, de mécanique, etc. Lorsque ces collections seront complétées, l'élève qui aura exécuté les dessins qui se rapportent à sa profession se sera formé lui-même un *portefeuille* dans lequel il pourra puiser d'utiles renseignements.

Mais quand les écoles dont nous nous occupons seront établies dans des centres industriels où l'art a sur les succès et sur la valeur des produits une influence considérable, il conviendra de développer aussi *la partie artistique* de cet enseignement, et il importe que, dès ses débuts, l'élève soit guidé par un bon choix de modèles.

Malheureusement la plupart de ceux qui sont répandus dans les écoles laissent beaucoup à désirer.

Il y a trois classes de modèles de dessin à main levée :

1° Ceux qui sont à bas prix, ce qui leur fait donner trop souvent la préférence, et qui sont la plupart du temps tellement mauvais qu'il faut les exclure;

2° Ceux qui, choisis avec soin, tels qu'on les trouve dans la collection approuvée par la ville de Paris, parmi les œuvres des maîtres de notre époque, peuvent être avec avantage adoptés en partie pour toutes les écoles et servir de guides à la grande majorité des élèves.

En y puisant, selon la spécialité des industries à éclairer, un nombre convenable de dessins, on pourra, sans de grandes dépenses, pourvoir à la plupart des besoins;

3° Les modèles empruntés à l'art antique et aux grands maîtres de l'art moderne, dont une très belle collection a été formée par les soins de M. Ravaisson, devraient certainement avoir la préférence sur tous les autres du même genre.

Mais le prix élevé de cette collection est un obstacle à ce qu'ils soient répandus dans toutes les écoles, où l'on ne peut espérer qu'ils soient conservés avec le soin convenable.

Ils nous semblent devoir être réservés pour les meilleures écoles et pour les meilleurs élèves, auxquels l'usage en serait accordé comme une récompense, en même temps qu'ils seraient pour eux un moyen puissant de perfectionnement.

Il n'est pas inutile d'ajouter que si les modèles gravés ou lithographiés peuvent être d'un utile emploi dans l'enseignement du dessin artistique, le plus sûr moyen de former des dessinateurs habiles est d'exercer, pour ainsi dire, dès le début, les élèves à reproduire l'image des objets réels, en partant des formes les plus simples. On parvient ainsi plus rapidement à mettre d'accord l'œil et la main, et à donner à celle-ci la sûreté nécessaire.

De l'apprentissage proprement dit. — On a étudié les modes divers d'apprentissage, en partant de l'usage commun qui est de placer un enfant chez un patron quelconque, pour remonter graduellement jusqu'à l'idéal d'une institution qui, au lieu d'abandonner l'apprenti, le suivrait, le protégerait et l'instruirait. Nous disons un idéal, parce qu'il y a beaucoup à faire pour atteindre le but; mais nous ne sortons pas du monde des faits, et nous partons ici de l'historique même des efforts accomplis.

Personne n'ignore les nombreux périls qui menaçaient l'enfant livré aux hasards des ateliers et aux intérêts impitoyables des patrons.

La loi est intervenue avec énergie et a réglé les conditions de l'apprentissage. C'est la première défense de l'enfant; mais elle est toute négative : la loi dit ce qu'il ne faut pas faire et institue une pénalité.

Alors se présentent d'autres protecteurs; ce sont les sociétés de patronage, « dont les membres s'imposent l'obligation de *choisir les patrons* auxquels on confie les enfants parmi les chefs d'atelier les plus recommandables, de les y surveiller et quelquefois de les recevoir après la journée faite, pour compléter leur instruction élémentaire et souvent même les héberger ». Le Gouvernement les a encouragées en mettant à leur disposition un certain nombre de livrets de caisse d'épargne qu'elles répartiraient elles-mêmes. Mais les sociétés de patronage sont en nombre restreint et ne peuvent constituer un système complet de direction pour la majorité des apprentis. Il y a un autre mode qui est pratiqué avec succès dans quelques localités et dans un assez grand nombre d'établissements industriels : il consiste dans la fondation d'*Ateliers d'apprentissage* proprement dits, où les enfants, travaillant sous la direction de contremaîtres ou d'ouvriers exercés, acquièrent plus rapidement que dans le cas précédent l'habileté nécessaire. Tels sont, par exemple, les ateliers fondés par la municipalité du Havre, en 1869, pour l'industrie du bâtiment et des machines; tels sont ceux de tissage et de filature d'Amiens et de Saint-Quentin, etc.

Ces ateliers présentent des variétés entre lesquelles le choix dépend des conditions locales.

Les uns sont des ateliers généraux où tous les apprentis sont réunis et s'exercent aux diverses industries qui se rapportent au bâtiment ou à un genre spécial de fabrication.

Les autres sont des ateliers spéciaux où les enfants, réunis par petits groupes peu nombreux, travaillent sous la direction de patrons intéressés qui, à des conditions déterminées, les instruisent en profitant plus ou moins complètement de leur travail.

Ce dernier mode, qui n'exclut pas la surveillance des sociétés de patronage, a été appliqué avec beaucoup de succès, dit le général Morin, dans la Flandre occidentale, et l'est non moins heureusement à Paris, dans la maison dite *de Saint-Nicolas*, rue de Vaugirard, sous la direction des frères de la Doctrine chrétienne.

Depuis 1865, le nombre des ateliers d'apprentissage s'est élevé de 10 à 15. Celui des apprentis, en 1874, était de 178, et l'importance des résultats obtenus se manifestait par le tableau des salaires obtenus après trois ou quatre ans au plus par des jeunes gens de quinze à vingt ans.

En présence de ces résultats, le Ministère a proposé de propager le système des ateliers de ce genre en procédant de la manière suivante :

« Choisir les patrons intéressés parmi des ouvriers expérimentés, travaillant chez eux, offrant les conditions convenables de moralité, et les aider par la concession gratuite, et à simple titre de prêt, d'un outillage suffisant qui leur permettrait de développer et de perfectionner leur production en formant chacun un nombre limité d'apprentis.

« La multiplication facile et peu dispendieuse d'ateliers de ce genre aurait des résultats avantageux pour l'instruction et la moralisation de la jeunesse ouvrière.

« On y trouverait aussi l'avantage d'améliorer par cette marque honorable de confiance la situation d'ouvriers estimables, en augmentant leurs moyens de travail, et de généraliser à peu de frais le concours de l'État par la concession d'outils perfectionnés qui resteraient la propriété des initiatives locales ou des sociétés de patronage. »

L'action du Ministère de l'agriculture et du commerce sur l'éducation des travailleurs prend diverses formes. D'une part, il a eu à se préoccuper, dans ses conseils, de la grave question de l'apprentissage, comme nous venons de le voir ; de l'autre, il a à diriger nos trois écoles d'arts et métiers, notre École centrale et un établissement acquis depuis peu à la France, l'École d'horlogerie de Cluses. A côté et en dehors de ces maisons industrielles se placent les écoles vétérinaires et les écoles d'agriculture. En troisième lieu il peut subventionner les établissements fondés par les municipalités, les chambres de commerce ou les particuliers, pour l'instruction de l'ouvrier, du contremaître ou même de l'ingénieur civil.

L'École nationale d'horlogerie, fondée en 1848 à Cluses par le roi Charles-Albert, puis transmise à la France en 1860 et réorganisée par décret en 1863, est intéressante à un double point de vue, comme centre de fabrication et comme école. Réunissant autour d'elle, à Cluses ou dans les communes voisines, plus de deux mille ouvriers, elle produit pour une valeur annuelle de 1,800,000 francs. D'une autre part, elle reçoit quatre-vingts élèves qui apprennent non seulement la fabrication, mais l'histoire graduelle de la fabrication, et qui travaillent sous la direction de M. Lambert, très habile chef d'atelier.

Nos trois écoles d'arts et métiers ont figuré à l'Exposition avec tout l'éclat que comporte une exhibition industrielle habilement préparée et avec tant de succès que le Jury leur a donné une récompense spéciale, sans choisir d'ailleurs entre l'École d'Angers, l'École d'Aix et l'École de Châlons-sur-Marne. Mais il ne l'a point fait sans motiver son vote : il n'a point entendu apprécier les travaux manuels, qui ne sont point de sa compétence et qui, d'ailleurs, ont pour la jeunesse l'attrait facile de l'œuvre qu'on fait, qu'on signe et qu'on montre. C'est la direction théorique des cours faits dans ces écoles qui mérite qu'on s'y arrête; on a étudié les programmes des cours, programmes envoyés au Champ de Mars et dont l'un a obtenu le succès particulier d'être dérobé par quelque visiteur ou quelque émule.

Deux réserves ont été faites au sujet des écoles d'arts et métiers et de l'enseignement qui s'y rattache. Leur supériorité sur les écoles étrangères, qui était fortement établie, n'est plus aussi visible, et elles sont talonnées par la concurrence active des nations qui avaient commencé par les imiter. En outre, il y a lieu de se demander si leur succès même ne leur a pas nui, en ce sens que les écoles, à leur début, sont pleines d'ardeur et cherchent, par la nouveauté même et la jeunesse, à se faire apprécier; tandis que, une fois installées, elles deviennent une institution dans laquelle chacun voit une place, un fixe, un titre. Alors le fils du professeur succède à son père; l'ancien élève de l'école se réclame de son titre pour y rentrer; on forme un petit couvent soutenu par la camaraderie, et peu à peu la maison se ferme aux gens du dehors, puis, du même coup, aux idées du dehors. L'esprit de progrès, qui avait fondé l'école, cède alors le terrain à l'esprit de routine. Nous ne connaissons pas assez la vie intérieure des écoles d'arts et métiers pour leur appliquer ces critiques, mais nos observations se présentent à l'esprit toutes les fois que l'on voit une école qui tenait la tête se laisser rejoindre par des concurrents.

D'ailleurs nos critiques visent le renouvellement des méthodes et le recrutement du personnel ; il ne s'agit pas ici de vues ambitieuses qui tendraient à élever outre mesure le niveau de l'enseignement. À cet égard, le Ministre du commerce l'a déclaré lui-même : « Il importe, dit-il, de conserver aux écoles d'arts et métiers le même caractère de simplicité d'enseignement, parce qu'elles sont principalement accessibles aux enfants de ces citoyens aussi utiles que modestes, qui cherchent à procurer à leurs fils une instruction qui leur permette d'obtenir par la voie honorable du travail l'aisance et la satisfaction d'une légitime ambition. »

L'administration, d'après les documents qu'elle nous a communiqués, suit de très près les questions de cet ordre, et aussi les questions annexes : en effet, il s'agit de savoir si, à côté des écoles d'arts et métiers fondées sur l'internat, on ne pourrait pas encourager la création d'écoles d'externes. En reconnaissant l'utilité de premier ordre des écoles d'arts et métiers, comme les services qu'elles rendent à l'industrie et aux travaux publics, M. le général Morin, dans son rapport, ajoutait :

« Celles qui existent en France sont fondées sur le principe de l'internat, et les élèves reçoivent un enseignement théorique proportionné à leur degré d'instruction première. Ils y acquièrent, par un travail régulier de six à sept heures par jour dans des ateliers, un certain degré d'habileté pratique qu'ils peuvent rapidement perfectionner dans les établissements industriels. Là se forment les dessinateurs les plus habiles que nous ayons pour les constructions de tous genres.

« Ces écoles sont la pépinière d'où sortent la plupart des contremaîtres de nos chantiers de construction, et un grand nombre de nos plus habiles ingénieurs mécaniciens.

« Mais aux trois écoles d'arts et métiers que possède la France, et qui sont plus spécialement destinées à pourvoir aux besoins de l'industrie mécanique et des travaux publics, il nous semblerait désirable que les initiatives locales publiques ou privées se préoccupassent davantage de l'utilité d'en joindre d'autres plus spécialement destinées à former de même, pour les industries régionales, ces contremaîtres, ces chefs d'atelier qui sont les utiles sous-officiers de l'armée industrielle.

«Le système de l'externat, plus économique que celui de l'internat, et qui, de bonne heure, habitue la jeunesse à suivre d'elle-même la ligne du devoir, faciliterait beaucoup la fondation d'établissements de ce genre, et il se combinerait même aisément avec le travail sous la direction de patrons intéressés.

« Des essais de ce genre ont été tentés à Lyon pour la brasserie, et ils mériteraient d'être encouragés lorsque l'organisation proposée et la direction sembleraient pouvoir donner confiance dans le succès. »

Ceci nous amène à parler des établissements subventionnés par le Ministère du commerce ou du moins qui peuvent l'être. Ce ne sont pas des institutions qui forment un ensemble régulier ou homogène, mais ils ont ce caractère commun qu'ils présentent sur toute la surface de la France le développement déjà normal de l'enseignement technique, tantôt primaire, pour les apprentis, tantôt moyen, tantôt supérieur. Il faut parcourir la liste de ces établissements tout d'abord comme un simple tableau.

ÉTABLISSEMENTS DIVERS D'ENSEIGNEMENT TECHNIQUE.

Les principales sociétés qui ont ouvert ces cours si utiles sont :

La *Société industrielle de Saint-Quentin et de l'Aisne,* déclarée d'utilité publique, qui a pu compter 1,679 élèves inscrits, dont 1,338 femmes ou jeunes filles. Elle donne une allocation spéciale à l'élève qui sait assez d'anglais ou d'allemand pour s'en servir dans les transactions commerciales.

La *Société industrielle d'Amiens,* qui a 14 cours publics peuplés de 900 auditeurs.

La *Société industrielle de Reims*, dont les 8 cours se trouvent maintenant à l'étroit dans leurs locaux.

La *Société industrielle du nord de la France*, qui a Lille pour centre : cours et conférences, récompenses et prix viennent former peu à peu une population d'ouvriers supérieure à ce qu'elle était jadis, avant l'époque où les notabilités, les chimistes, comme M. Kuhlmann, les compagnies de chemins de fer, les propriétaires d'appareils à vapeur, se préoccupèrent d'instruire les ouvriers.

Les *Écoles académiques de Lille*, qui vivent sur ce principe que le dessin est une des conditions des études mécaniques, et qui, ne pouvant obtenir de tous les inscrits une année complète d'études, les obligent du moins à l'assiduité pendant six mois, en attachant une pénalité sérieuse aux absences.

Les *Écoles professionnelles de Roubaix*, qui entreprennent d'élever le plus possible le niveau des esprits en faisant des contremaîtres capables.

Les *Écoles professionnelles de Douai*, qui font des ormenanistes, des charpentiers, des tourneurs, des ajusteurs.

La *Société industrielle d'Elbeuf*, qui ouvre aux apprentis des cours, des ateliers et un laboratoire.

La *Société industrielle de Flers* (Orne), qui a un musée industriel de dix mille échantillons de tissus, une bibliothèque, un laboratoire, des cours professionnels.

La *Société industrielle de Nantes*, qui ne peut recevoir que 105 apprentis dans les salles trop petites où se font ses cours.

L'*École professionnelle municipale du Havre*, qui consacre aux apprentis des cours théoriques en même temps qu'elle fait exécuter des commandes importantes dans ses ateliers toujours grandissants.

La *Société des sciences et arts de Limoges*, qui fait enseigner à 350 élèves le modelage et la céramique, et qui, d'une autre part, provoque des concours entre les deux établissements consacrés à ses études d'art industriel.

L'*École communale des beaux-arts appliqués à l'industrie* forme à Limoges une seconde institution célèbre. On connaît le nom et le musée de M. Dubouchet.

Une troisième société s'est formée autour du même foyer industriel à Limoges, en se composant des pauvres enfants que la loi ne permet plus d'employer dans les manufactures, où ils étaient sauteurs de pédales. Un patronage des orphelins de l'industrie s'est organisé en leur faveur, et ils traversent l'école en attendant l'atelier.

Dans les *Écoles professionnelles de Saint-Étienne*, pour que l'enseignement vienne au secours de l'industrie de la soie, on essaye d'organiser et de développer des cours éminemment professionnels.

L'*École professionnelle technique de Joinville*, dans la Haute-Marne, a des cours spéciaux de mécanique, de métallurgie, d'agriculture et de sylviculture, lesquels correspondent aux besoins de la Société des forges de Champagne.

L'*École industrielle de Marseille*, outre les travaux d'atelier ordinaires, dirige les études des mécaniciens se destinant à entrer dans la marine de l'État.

L'*OEuvre du patronage des apprentis d'Orléans* compte, en 1877, 240 élèves.

L'*OEuvre des apprentis d'Arras* a organisé, à côté des cours, des conférences scientifiques.

L'*Orphelinat et les ateliers d'apprentissage de Saint-Ilan* (Côtes-du-Nord) sont remarquables dans un pays généralement dépourvu d'écoles professionnelles.

L'*Orphelinat alsacien-lorrain de Chevilly* (Seine), l'*Orphelinat des jeunes apprentis* (passage des Vignes, à Paris), l'*Association des jeunes économes*, de Conflans, sont trois établissements dirigés par le clergé ou par des congrégations.

Dans l'enseignement technique supérieur figurent également beaucoup d'institutions utiles, qui d'ailleurs sont analogues aux

précédentes par ce seul fait qu'elles ne peuvent fonctionner sérieusement si elles ne sont pas aidées et précédées par le travail préparatoire des écoles primaires et des écoles techniques du premier
degré.

La *Société philomathique de Bordeaux* a créé une *École supérieure
d'industrie et de commerce* qui donne déjà des résultats, qui expose
des travaux d'atelier, qui fonde un musée industriel, qui envoie
ses élèves lauréats à Liverpool, à Brême, à Lyon, à Saint-Étienne
et au Creusot.

L'*Institut industriel, agronomique et commercial du nord de la France*
donne place tour à tour à toutes les études intéressant les industries locales.

L'*École centrale lyonnaise*, dont le directeur est M. Girardon,
fournit des constructeurs comme aussi des chimistes à toute la région.

Dans les *Écoles municipales professionnelles de Reims* les élèves trouvent, pendant trois années d'études, des cours de modelage, de
sciences naturelles, de filature, de peignage, de tissage, auprès
de laboratoires bien établis et d'un atelier très spacieux.

L'*École supérieure de commerce et de tissage de la soie,* dirigée à
Lyon par M. Natalis Rondot, est célèbre par le travail de ses élèves
dans les divers genres de fabrication lyonnaise.

L'*École supérieure de commerce et d'industrie de Rouen* a mis à la
tête de ses cours de filature et de tissage M. Pernet, ancien sous-
directeur de l'École de filature de Mulhouse. Elle fait faire à ses
élèves des voyages, avec itinéraires arrêtés par la Chambre de commerce.

Le *Pensionnat Notre-Dame,* à Nantes, réunit 192 élèves dans
7 classes spéciales et fournit à la flotte des élèves mécaniciens.

Les *Écoles municipales professionnelles de Nantes* forment un établissement rival du précédent, également utile à la marine de
l'État.

Tel est le tableau général des principaux établissements qui rivalisent pour obtenir le travail des enfants et l'appui des villes ou de l'État. Mais ce n'est là qu'une énumération sommaire. Quel progrès ces maisons diverses font-elles faire à l'enseignement? Quelles méthodes, quels livres, quels maîtres, quels élèves, produisent-elles? Voilà ce qu'il serait intéressant d'exposer et d'étudier s'il n'y fallait pas plus de volume. Jetons du moins un coup d'œil dans l'intérieur de ces ruches laborieuses et recueillons ici quelques détails de leur organisation.

Nous avons dit la valeur de l'École de Bordeaux. Voici comment elle conçoit et répartit ses cours :

Gr. II.
—
Cl. 7.

BUT DE L'ÉCOLE.

L'École supérieure de commerce et d'industrie de Bordeaux comprend deux enseignements distincts :

1° Un enseignement commercial ;

2° Un enseignement industriel.

L'enseignement commercial a pour but de former des jeunes gens qui, dès leur sortie de l'école, seront de bons commis, et posséderont une instruction spéciale assez complète pour diriger plus tard les plus importantes maisons.

L'enseignement industriel a pour but de former des élèves qui ne tarderont pas à devenir de bons ouvriers et d'habiles contre-maîtres, et posséderont une instruction scientifique suffisante pour devenir plus tard des chefs d'industrie.

PROGRAMME DES COURS (1ʳᵉ ANNÉE D'ÉTUDES).

I. *Cours et exercices spéciaux à la section commerciale :* 1° bureau commercial ; 2° marchandises ; 3° calligraphie ; 4° travaux de bureau.

II. *Cours et exercices spéciaux à la section industrielle :* 1° géométrie, algèbre et trigonométrie ; 2° analyse géométrique et mécanique ; 3° géométrie descriptive ; 4° travaux graphiques (dessin et lavis, topographie) ; 5° ateliers, travail du bois ; 6° ateliers, travail des métaux.

III. *Cours et exercices communs aux deux sections :* 1° langue française ; 2° langue anglaise ; 3° langue allemande ; 4° langue espagnole ; 5° géographie commerciale et industrielle ; 6° droit civil et industriel ; 7° économie politique ; 8° arithmétique ; 9° physique générale ; 10° chimie générale ; 11° manipulations de physique ; 12° manipulations de chimie.

DEUXIÈME ANNÉE D'ÉTUDES.

I. *Cours et exercices spéciaux à la section commerciale :* 1° bureau commercial ; 2° marchandises ; 3° géographie commerciale ; 4° armements ; 5° droit commercial terrestre et maritime ; 6° histoire du commerce et statistique commerciale ; 7° calligraphie ; 8° langue française et rédaction ; 9° travaux de bureau ; 10° manipulations de marchandises ; 11° excursions.

II. *Cours et exercices spéciaux à la section industrielle :* 1° physique industrielle ; 2° chimie industrielle et métallurgie ; 3° architecture et travaux publics ; 4° coupe des pierres, bois et fers ; 5° navires ; 6° mines et chemins de fer ; 7° construction de machines ; 8° comptabilité ; 9° travaux graphiques (dessin et lavis, lever des plans et nivellement, topographie militaire, projets) ; 10° ateliers, travail du bois ; 11° ateliers, travail des métaux ; 12° manipulations de chimie industrielle ; 13° excursions.

III. *Cours et exercices communs aux deux sections :* 1° langue anglaise ; 2° langue allemande ; 3° langue espagnole ; 4° économie politique.

La *Société d'enseignement professionnel du Rhône* a pour objet le développement le plus large possible des cours d'adultes ; et s'il est une ville dans laquelle la population ait besoin de cours de ce genre, c'est assurément la cité industrieuse par excellence, Lyon. Apprentis, ouvriers, employés, ont vu s'ouvrir, en 1864, des cours essentiellement professionnels, que patronnaient les hommes les plus considérables, M. Arlès-Dufour, M. Brosset, président de la Chambre de commerce, M. H. Germain, président du Crédit lyon-

nais, M. Félix Mangini, puis le recteur de l'Académie, M. de la Saussaye, et non seulement les chefs de la cité, mais encore les maîtres
lointains de la science, les membres de l'Institut, qui vinrent tout
exprès encourager de leur parole l'œuvre naissante. On entendit
MM. Jules Simon, Batbie, Laboulaye, Egger, Frédéric Passy,
de Lesseps, de Quatrefages, faire des discours qu'on n'oubliait pas,
et dont l'ensemble forma, sous le nom de *Conférences*, un mode
d'enseignement supérieur adapté aux cours primaires. Ce ne fut pas
tout, on organisa une *Bibliothèque*, et surtout on trouva moyen de la
faire lire, mérite assez rare en province, où les livres sont tantôt
négligés par le public qui les a sous la main, tantôt enfermés avec
un soin jaloux par certaines municipalités, qui veulent préserver
de toute atteinte cette propriété de la commune. A Lyon, les professeurs et les sociétaires peuvent emporter les livres chez eux.

Ainsi comprise, la fondation réussit; c'est par la continuité de
son succès qu'elle appartient à l'Exposition de 1878. On ne pouvait,
en 1867, la signaler que comme une entreprise récente, commencée
sous les plus heureux auspices, mais susceptible d'une assez prompte
décadence, car les cours d'adultes que l'on établit assez aisément
sont plus difficiles à continuer qu'à ouvrir. Ceux de Lyon se maintiendraient-ils après la vogue du premier moment? Ces brillants
débuts, ces conférences faites par de véritables orateurs, l'éclat
même de ces patronages, ne laisseraient-ils pas, par contraste,
une succession un peu plus sombre et modeste aux cours réguliers
qu'il fallait faire à des auditeurs peu avancés? Pourrait-on surtout
obtenir de ceux-ci, en toute saison, une persévérance que leur
liberté rendait bien méritoire?

Le résultat a répondu à tous ces doutes; il y avait dans le principe 25 cours, il y en a aujourd'hui 108. Les élèves sont disciplinés, sérieux et persévérants; 60 p. o/o restent jusqu'à la fin de
l'année. Ce fait est décisif, pour ceux du moins qui connaissent
les conditions réelles de tout enseignement libre et même les
usages de l'école primaire.

Évidemment la direction a cherché, et elle a trouvé, les moyens
d'assurer un pareil résultat. Avant tout elle s'est préoccupée d'obtenir l'assiduité. Elle a réparti les cours sur toute la ville, allant

pour ainsi dire chercher l'ouvrier, afin que les distances ne devinssent pas une cause de ralentissement. Elle a attaché un prix à l'entrée même de ces salles en exigeant, de quiconque n'est pas absolument dénué de ressources, un faible droit d'inscription; elle a tenu un registre des présences, inventé des lettres de rappel, noté *l'assiduité* comme un titre et une mention servant au classement final, en un mot établi un système de comptabilité et d'inspection qui suit l'élève et ne laisse rien au hasard. Partageant avec des élèves-commissaires le travail de ces constatations comme le soin de la discipline, elle a intéressé tout le monde à l'exactitude de tout le monde. Ces mesures, jointes au choix des professeurs et aux qualités fondamentales d'un bon enseignement, donnent le secret d'un succès qui a mis les cours d'adultes de Lyon au premier rang des fondations de ce genre.

Lorsque le Jury a consulté les représentants de cette école, ils ont répondu que leur mérite n'est pas visible dans les vitrines de l'Exposition. « Ce qui, chez nous, disent-ils, est intéressant, ce n'est pas ce que nous pouvons envoyer à l'Exposition, bien que nous y ayons envoyé des travaux de valeur. C'est notre organisation, notre fonctionnement, le nombre de nos cours et de nos élèves, (107 cours et 6,500 élèves cette année, et encore la crise commerciale nous en a enlevé 500), les résultats obtenus dans ces cours, les moyens par lesquels nous obtenons une assiduité qui est sans exemple, croyons-nous, dans des cours d'adultes (plus de 60 p. o/o de nos élèves restent jusqu'à la fin des cours), etc., toutes choses que l'examen des travaux exposés ne saurait apprendre.

« L'assiduité dans les cours de la Société d'enseignement professionnel du Rhône et la proportion des élèves suivant les cours jusqu'à la fin sont supérieures à ce qu'on obtient d'ordinaire dans les cours d'adultes. Nos moyens d'action sont les suivants :

« Le recrutement soigné des professeurs ;

« Le droit d'inscription qui est sérieusement exigé, en dehors des cas d'impossibilité absolue ;

« Les inspections fréquentes des membres du conseil d'administration ;

« Le registre de présence régulièrement tenu, "institution des commissaires, les lettres envoyées par ceux-ci aux élèves qui s'absentent et les visites faites au besoin à leur domicile;

« Le compte qu'on tient de l'assiduité dans le classement de fin d'année;

« La mention d'assiduité. »

L'*École de tissage* dirigée par M. Penot, à Lyon, nous offrirait plus d'un sujet d'étude. Non seulement on y trouve tout le système de cours que comporte l'institution, mais encore on constate, si on visite l'école même, le courant qui s'est établi entre l'étranger et nous. On y trouve des Japonais et un cours de japonais; on y trouve des élèves se préparant à faire quelque voyage à l'étranger ou même les rapports autographiés sur des voyages déjà faits.

Quoique ces rapports n'aient pas été destinés à la publicité, nous transcrirons quelques passages du voyage en Angleterre fait par M. B... Il expose d'abord son but :

« J'ai cru, dit-il, en visitant quelques-unes des *grandes maisons d'importation et d'exportation de la Cité* et en cherchant à connaître le mécanisme de leur puissante institution, faire une étude profitable et intéressante. C'est dans cette pensée que je me suis présenté chez MM. Panson et chez MM. Morrison, Dillon and C°.

« La maison Morrison, Dillon and C° limited est gouvernée par deux *managers* qui centralisent toutes les opérations et rendent compte de leur administration dans les assemblées extraordinaires. Cinq *directors* composent un conseil de surveillance. Leur présence est généralement signalée une fois toutes les semaines.

« Le détail des opérations est confié aux chefs de départements (*heads*). Il y en a un grand nombre, autant que de divisions et de subdivisions de commerce. Le nombre des départements (*departments*) est encore accru par ceux de la tenue des livres, de la caisse, du portefeuille, de l'emballage, du service. Par cette disposition, les aptitudes de chacun déterminent son entrée à tel ou tel département. Extrême division du travail, qui permet seule d'arriver à une bonne répartition des fonctions suivant les forces et les facultés.

« C'est à cette organisation par départements, si commune et presque générale dans toute l'industrie et le commerce anglais, autant qu'à l'activité des chefs et à l'abondance des capitaux, que des hommes très versés dans l'économie commerciale attribuent la supériorité du commerce de nos voisins d'outre-Manche sur le nôtre. C'est elle qui permet à des hommes intelligents et arrivés à la fortune par le travail de grouper autour d'un même noyau un nombre si considérable de commerces différents....

« Le rôle des employés est souvent bien simplifié. Fréquemment l'acheteur vient faire sa ronde en errant au milieu des banques. Il examine les marchandises, regarde le prix marqué sur chacune d'elles. S'il se décide à acquérir un ballot ou une pièce, il dépose sa carte et son adresse, puis sort, souvent sans prévenir personne. De temps en temps un employé circule le long des banques, enlève les ballots porteurs de cartes et les envoie au département de l'emballage et de là, soit au *town department,* soit au *country* ou au *shipping department.* C'est là que se fait la facture. Celle-ci passe ensuite au bureau des écritures pour être renvoyée avec la marchandise. »

Rien de plus utile que ces voyages pleins d'enseignements, qui ouvrent l'esprit du jeune homme et, en préparant sa carrière, dirigent son jugement et son activité. J'aurais à parler ici plus au long de l'école de M. Penot, qui figure pour la première fois dans une exposition et dont le directeur représente certainement en première ligne le nouvel enseignement professionnel dans son expression la plus réfléchie. Les programmes de l'école répondront aux questions des hommes qui s'intéressent à l'éducation nationale. Ils y remarqueront une nouveauté, à savoir : un cours sur les devoirs du négociant. Ceci touche à une idée fort grave et qui fera son chemin : toutes les villes industrielles sont infestées de théories fausses et d'erreurs surchauffées, au sujet du droit, du capital et de la propriété. L'ignorance les fait naître, l'impatience des appétits les développe. On songe aujourd'hui à enseigner l'économie pour dissiper les méprises de la foule en fait de questions sociales. M. Penot pense que le négociant et l'ouvrier doivent apprendre leurs devoirs autant que leurs droits, cela par des études spéciales et précises.

Lyon nous retiendrait longtemps encore. Nous aurions à parler de la grande école de la Martinière, de la carrière poursuivie, là et à travers l'Europe, par M. Natalis Rondot, un des propagateurs les plus autorisés de l'enseignement professionnel, et enfin de l'école féminine qui, sous le nom de *Cours de comptabilité* et sous la direction de Mˡˡᵉ Luquin, crée toute une branche d'enseignement technique. Mais les succès obtenus à Lyon par M. Goybet et par M. Rondot sont connus de tous et antérieurs à l'Exposition de 1867 [1].

L'École supérieure de commerce de Marseille, fondée sous le patronage de la Chambre de commerce et dirigée par un homme d'un esprit très élevé, M. Rosier, occupe une situation exceptionnelle, sur le bord de la Méditerranée, en relations constantes avec tout l'Orient. A l'Exposition de 1878, elle ne s'est pas contentée d'envoyer des programmes, elle a envoyé une véritable bibliothèque de livres nouveaux qui supposent un travail continu, des recherches incessantes et un effort original de pensée et d'étude : ils font le plus grand honneur aux professeurs de l'école de Marseille, qui osent aborder et résoudre toutes les questions vitales du commerce, recueillir les faits quotidiens et composer des ouvrages d'ensemble sur des matières pour ainsi dire sans limites.

M. Alphonse Lejeune, professeur de sciences commerciales, ancien élève de l'École supérieure de commerce de Mulhouse, a donné, en 1875 et 1876, cinq ouvrages très importants : les *Changes et arbitrages*, avec monnaies de compte et cotes du change des principales places du monde; les *Monnaies*, poids et mesures, avec conditions de vente; les *Assurances maritimes*; le traité pratique des *Transports par chemin de fer*, des opérations de douanes et de docks; collection de faits très riches et très modestement présentés.

Les questions constamment soulevées de législation commerciale, qui forment la seconde partie du droit privé et qui sont la

[1] Voir plus loin l'enseignement des femmes, pour les cours de comptabilité de Mˡˡᵉ Luquin.

Gr. II.
—
Cl. 7.

plupart du temps inconnues aux commerçants, deviennent dans nos écoles l'objet d'un enseignement quotidien; on le confie à des avocats, lesquels, en éclairant d'avance les futurs négociants, travaillent à se rendre inutiles; à Marseille, le *Cours de législation commerciale* a été fait par MM. Blocquet et Meynier, dont le travail, formant plus de 400 pages in-folio, a été soumis au Jury. On y a joint un court résumé des devoirs du négociant.

On assiste aux cours des professeurs quand on examine les volumes considérables que M. Rosier a envoyés, et quand il explique le travail de ses collaborateurs. Pour en donner un exemple, nous citerons le cours de *Géographie commerciale*, dû à M. Bainier, et dont on jugera le caractère par quelques extraits :

« Les progrès de notre commerce, dit le professeur, dépendent beaucoup de la valeur du personnel commercial, auquel il faut des notions pratiques éclairées par la théorie et surtout la connuissance des langues vivantes et des opérations commerciales.

« La géographie commerciale doit donner des notions précises sur les productions de toutes sortes des divers pays du monde, sur les rapports commerciaux établis entre eux, sur les débouchés existants ou à créer; elle doit faire connaître le mouvement commercial et industriel de chaque pays; elle doit éclairer le commerçant ainsi que les producteurs sur les produits pouvant trouver leur placement à l'étranger et sur la manière dont ces produits sont employés; elle doit faire connaître le climat et l'hygiène, les divers moyens de communication et les institutions propres à développer le commerce des divers pays du globe, les aptitudes des peuples à faire le commerce et leurs systèmes douaniers; elle doit être, en un mot, le bilan ou l'inventaire des richesses de l'humanité, l'histoire contemporaine de l'activité humaine. »

Le cours de M. Bainier est divisé en quatre parties : la première comprend les vues d'ensemble sur la géographie commerciale, un aperçu général des productions du globe et quelques tableaux indiquant le réseau des lignes télégraphiques du monde entier, les taxes télégraphiques et postales, la superficie, le commerce, les revenus, etc. des États de l'Europe, l'avance ou le retard du temps des principales villes de la terre. La deuxième partie traite de la France; la troisième, des pays d'Europe, et la quatrième partie, des autres parties du monde. Chaque pays est divisé en six chapitres : le premier donne un aperçu général du pays sous le rapport de son étendue, de sa population, de son climat, de son aspect et de sa position commerciale. Le deuxième chapitre traite de la production et de la consommation et est divisé en trois paragraphes : la production minérale, la production végétale et la production animale. Pour chaque État on a suivi le même ordre dans l'énumération de ses richesses de toutes sortes. Le troisième chapitre est consacré à l'industrie, subdivisée en quatre groupes : les industries dérivant du règne minéral, celles dérivant du règne végétal et du règne animal, et enfin les industries diverses dépendant à la fois de plusieurs règnes. Les différentes industries sont toujours classées dans le même ordre, afin d'éviter toute confusion dans l'esprit de l'élève et de venir constamment en aide à sa mémoire par un classement méthodique invariable. Le quatrième chapitre s'occupe du commerce intérieur et comprend les voies et moyens de communication, par terre, par chemin de fer, par eau et par télégraphe. Les institutions commerciales, industrielles, agricoles et financières, les systèmes de poids et mesures, les foires et principaux marchés, la description des ports de chaque nation, trouvent leur place dans cette partie du cours. Le cinquième chapitre comprend le commerce extérieur, et le sixième et dernier, l'état politique, social et financier de chaque peuple. On a ainsi adopté un plan invariable pour tous les pays, afin de permettre à l'élève de retrouver sur-le-champ une question qu'il aurait intérêt à revoir.

Si nous donnons une attention spéciale aux travaux de l'école de Marseille sur ce point, c'est pour signaler un caractère qui devrait être celui de toutes les écoles commerciales, nous voulons dire la vigilance avec laquelle on a suivi jour par jour les faits qui changent et se succèdent dans l'ordre financier ou dans l'ordre commercial. M. Lejeune est au courant, et des livres, et de ce qui se produit et se fait d'heure en heure. M. Bainier veut que, pour maintenir un cours de géographie commerciale au courant des affaires, on tienne compte avec le plus grand scrupule des

« moindres modifications qui surviennent dans les échanges des peuples entre eux, afin qu'il soit constamment un guide sûr pour la jeunesse qui se destine au commerce ».

« La géographie, dit-il, est une science qui se meut tous les jours et dont les enseignements doivent être tenus au courant des moindres modifications commerciales ou économiques survenant sur les divers points du globe dans les échanges internationaux. Elle n'est, en effet, que l'histoire actuelle, ondoyante et diverse des ressources et des relations de chaque pays, l'histoire vivante et progressive qui cesse d'être demain ce qu'elle était hier. La géographie commerciale marche comme les fleuves, sans s'arrêter, sans s'épuiser, et nous entraîne sans relâche, à travers les veilles et les documents, à de nouvelles recherches, à de nouvelles découvertes. La tâche du professeur de géographie n'est jamais achevée. »

Un complément auxiliaire et très remarquable de ce cours est l'*Atlas botanique*, du même auteur, l'atlas des plantes utiles au commerce et à l'industrie, œuvre pratique, dans laquelle il a réuni les figures de plantes, de fruits et de semences qu'il est nécessaire de connaître quand on se prépare au négoce, figures ordinairement disséminées dans des ouvrages divers et d'un prix inabordable. Après les céréales et les plantes fourragères on y trouve celles qui appartiennent aux denrées coloniales, puis les plantes oléagineuses, les plantes textiles, les plantes tinctoriales, etc. Bref, c'est un nouvel aspect du cours des marchandises.

Une seule question a préoccupé les juges de cette belle exposition d'enseignement, question souvent passée sous silence. Les élèves de l'école ont-ils trouvé tous des emplois convenables? A cela il a été répondu : tous les élèves de l'école, même ceux qui ont terminé leurs études au commencement du mois d'août dernier, et qui ont obtenu un diplôme de capacité, ont trouvé une position dès leur sortie de l'école. Les administrations et les grands comptoirs qui ont essayé de ses élèves ne veulent plus recruter leurs employés ailleurs qu'à l'école. Les Messageries maritimes ont cinq de ces élèves dans leur personnel, dont deux font partie du personnel des agences : l'un d'eux, M. Siméon, est à Pointe-de-Galles (Ceylan) avec 10,000 francs d'appointements; l'autre, M. Martin, est à Aden (mer Rouge) avec 5,000 francs d'appointements. La Société marseillaise, première maison de banque de la place, a quatre diplômés de l'école; les Transports maritimes à vapeur ont trois de ses élèves dont l'un est secrétaire général avec 5,000 francs d'appointements. La maison Cohen (commission et consignation) a trois élèves; la maison Ulysse Pila (soies et cocons) en a également trois.

Tous les anciens élèves qui ont eu à faire leur volontariat sont sortis avec les premiers numéros de leurs régiments.

L'une des sociétés les plus dignes d'éloges est la *Société industrielle de Saint-Quentin,* à laquelle tous les commerçants et industriels de la ville ont prêté leur concours. Elle représente, sur un point déterminé, l'action exercée par l'enseignement technique en France pendant les dix ans qui séparent les deux dernières expositions. Fondée en 1868, elle nous offre en 1878 d'excellents résultats et l'exemple d'une entreprise couronnée de succès.

La ville de Saint-Quentin serait restée stationnaire malgré son activité connue, si elle s'était bornée à continuer son travail habituel. Autour des ateliers se groupait une population laborieuse, mais mal instruite, qui ne pouvait pas dépasser un certain niveau. On avait besoin d'ouvriers étrangers pour la fabrication; on était encore soumis à l'étranger pour la vente des produits manufacturés. Si l'on fût demeuré dans ce respect de l'usage qui ressemble à la routine, la ville s'appauvrissait. On fit le contraire; on résolut «de développer les aptitudes physiques et intellectuelles des divers agents de l'industrie, ouvriers et contremaîtres», ce sont les propres expressions des rapports de la Société. On ouvrit tout à coup des cours gratuits, on organisa des réunions périodiques, on fonda un *Bulletin* destiné à recueillir les travaux les plus utiles et les plus importants rédigés en vue de ces cours. Qu'arriva-t-il? Un apprenti ignorant devint un intelligent auxiliaire du chef d'industrie; une pauvre fille sans avenir, exposée à tous les hasards d'une vie pauvre dans une cité populeuse, trouva un

Gr. II.
—
Cl. 7.

appui, des guides, une direction qui la fit capable et lui donna des droits à remplir d'utiles fonctions. Ces élèves des cours industriels furent en état de remplacer les étrangers que l'on remercia. On put envoyer à Bâle des personnes jeunes, actives, au courant de la fabrication de Saint-Quentin et de la langue allemande, capables par conséquent de discuter pied à pied et la valeur des produits et les modes de transaction. L'industrie locale assura ainsi son développement en même temps que la vie des élèves.

Dans de pareilles conditions, le recrutement des cours a été certain. En 1877 on inscrivait :

	tissage	130 élèves.
	mise en carte	48
	dessin	25
	lingerie	673
	broderie	48
	broderie mécanique	26
Pour le cours de	mécanique pratique	23
	chauffage de machines à vapeur	19
	sucrerie indigène	45
	chimie industrielle	25
	construction	25
	géographie commerciale	20
	droit commercial	20
	langues vivantes	102

La Société calcule que 1,200 auditeurs ont suivi ces cours gratuits et qu'un certain nombre, ayant obtenu un brevet de capacité, a trouvé des emplois importants. Le bien s'est fait sentir dans toute la région; la connaissance des langues étrangères et de l'étranger a permis non seulement des débouchés plus avantageux, mais encore l'introduction d'industries nouvelles. Enfin, l'œuvre a donné naissance à une autre œuvre, la *Société des logements d'ouvriers,* dont le nom dit l'objet, et qui transforme peu à peu l'ouvrier en propriétaire de sa maisonnette.

Le budget des dépenses est évalué à 34,000 francs. Le personnel des professeurs est emprunté en partie à l'Université, en partie à l'industrie. Nul doute qu'on ne doive une partie notable du succès aux collaborateurs tels que M. Grimonprez, Mlle Bertaux, M. Contet, et d'autres encore dont les noms ne pouvaient être ignorés du Jury.

Les résultats obtenus par la ville de Saint-Quentin sont des résultats moraux et matériels qui ne peuvent pas se juger tous dans une salle d'exposition. Mais quiconque visitera la ville même verra que l'œuvre de la Société industrielle est une révolution opérée dans les conditions de l'industrie locale; les cours qui s'adressent à la population pauvre deviennent une source de fortune pour tous. Le bénéfice en est recueilli par chacun, par les patrons aussi bien que par les apprentis. Ce genre de succès, qui ne peut pas aisément s'expliquer dans un compte rendu où se faire saisir dans une vitrine, si brillante qu'elle soit, est à nos yeux le plus remarquable, car l'œuvre est durable par cela même qu'elle est utile et fructueuse. Loin de trouver, comme on le fait trop souvent, qu'une entreprise est critiquable parce que ceux qui la dirigent y trouvent leur intérêt, nous applaudissons à une bonne affaire qui est en même temps une bonne action.

L'Institut industriel, agronomique et commercial du nord de la France, qui comprend trois écoles en une seule, mériterait une place à part, car il a pris une mesure que devront prendre dans l'avenir tous les établissements techniques. «Tout en développant le plus possible le côté pratique de l'enseignement, disent les rédacteurs du règlement de l'*Institut,* on a compris dans les programmes toutes les matières *théoriques* nécessaires pour donner aux élèves une instruction scientifique assez générale et assez élevée. Cette instruction générale est indispensable à tout chef d'établissement, à tout homme appelé à commander à des hommes. Elle permettra aux élèves non bacheliers d'être admis au volontariat d'un an dans l'armée active, d'être promus à des grades dans la réserve et dans l'armée territoriale.»

Ce que nous avons dit de plusieurs écoles industrielles laisse voir suffisamment la marche et le progrès général de ces établissements, pour que nous soyons excusés de ne pas répéter au sujet de chacune d'elles les mêmes observations. Il nous importe surtout de recueillir au contraire des observations diverses. Pendant que la pratique sans théorie tend à s'installer sur certains points, Lille revient à la théorie, les écoles de Douai prennent le nom d'*Écoles académiques et professionnelles* et disent, dans leurs statuts, que « l'enseignement populaire doit fournir à l'enfant des connaissances générales... et lui donner, par l'étude des arts du dessin, une certaine éducation *esthétique* ». Le mot est prononcé, nous le retrouverons plus loin, dans la discussion née de l'enseignement du dessin.

En 1871 a été fondée, à Rouen, l'importante *École supérieure de commerce et d'industrie*, où existe un laboratoire de microscopie fort intéressant et dirigé par M. Pennetier. En 1874, MM. Sigfried ont créé au Havre une autre *École supérieure*, dont l'organisation, étudiée avec soin, a été fort appréciée au Havre et à Paris. En 1876, la ville de Roubaix a voté une somme de 20,000 francs pour l'installation du matériel d'une école de tissage. Ainsi se propagent les créations scolaires industrielles dans toutes nos provinces.

A Paris, où l'enseignement professionnel s'est développé et régularisé très rapidement, il est impossible d'en suivre toutes les manifestations; les unes datent d'hier; les autres, au contraire, remontent soit au delà de 1867, soit au commencement du siècle. L'une d'entre elles, qui nous échapperait, parce qu'elle date de 1862, a reçu pourtant une telle série d'améliorations qu'elle appartient encore à notre sujet. Il s'agit de l'*École professionnelle de typographie* de la maison Chaix. En principe, elle n'offre rien d'exceptionnel. Qu'un apprenti y vienne apprendre la typographie, qu'il soit dirigé, qu'il y mette une certaine ardeur, ce sont là des faits ordinaires; mais le trait saillant de cette fondation, c'est que l'école annexée à l'imprimerie possède des cours très bien faits, une discipline réfléchie, des maîtres de choix (MM. Berger et Trombert) et des programmes ou des questionnaires si soigneusement élaborés qu'ils pourraient servir de modèles dans une école indépendante. Ici encore l'atelier-école fonctionne avec un plein succès, grâce à l'esprit qui l'anime plutôt que par le fait de son existence, grâce à la volonté persistante de M. Chaix et de ses agents plutôt qu'en vertu d'un règlement une fois rédigé. Gr. II.
—
Cl. 7.

L'organisation de l'enseignement n'est qu'un rouage de cette grande maison, où il obéit comme tout le reste à une impulsion supérieure qui met en mouvement tout un système d'institutions industrielles, économiques et pédagogiques. M. Chaix, en reportant à son père ces diverses fondations, prouve seulement qu'une pensée mère a présidé et préside toujours au développement harmonieux de ces institutions diverses.

L'imprimerie Chaix est un foyer. Simple entreprise industrielle, fondée sur l'avènement du chemin de fer, elle est devenue par l'intelligence du fondateur, M. Napoléon Chaix, le centre naturel d'une série d'associations qui rattachent, de degré en degré, l'apprenti au chef de la maison. On a établi, pour améliorer les conditions d'existence de l'ouvrier, des sociétés qui le protègent, des caisses qui l'intéressent aux bénéfices, des cours qui le préparent ou le perfectionnent. Il y a là pour ainsi dire une hiérarchie de directions qui s'étagent en trois catégories.

En premier lieu l'ouvrier trouve dans la maison une *Société de secours mutuels* qui lui assure, en cas de maladie, une indemnité en argent, les soins gratuits du médecin et les médicaments; — une *Caisse de retraite* dont il commencera à pouvoir profiter après trois ans de séjour dans la maison; — puis (spécialement pour les apprentis, qui doivent compter d'avance avec l'avenir et en même temps ont droit en cas d'accidents à un secours sérieux) quatre fondations : une *Caisse de retraite* qui constitue à l'enfant, quand il aura fourni sa carrière d'homme, une rente viagère; la constitution d'un *capital d'épargne* qui se forme peu à peu au moyen de retenues opérées sur les gratifications mensuelles, et qui est versé aux parents à la fin de l'apprentissage, et deux caisses d'*assurance*. L'une, contre les accidents, est calculée de façon à indemniser un blessé, devenu incapable de travail, par une rente viagère de 250 à 300 francs; l'autre est destinée à indemniser les parents en cas de décès de leur enfant.

En second lieu, ouvriers, employés et apprentis sont associés aux bénéfices de la maison au moyen d'une *Caisse de participation* et d'une *Caisse de répartition pour les apprentis*. C'est l'application annuelle d'une des solutions proposées par les économistes pour cette grave question du droit de l'ouvrier qui agite et passionne les populations industrielles.

En troisième lieu, MM. A. Chaix et Cie ont fondé un enseignement à deux degrés : l'un, qu'ils ont appelé *Enseignement technique*, donné par des contremaîtres spéciaux aux apprentis compositeurs, margeurs, lithographes et graveurs; l'autre, sous le nom d'*Enseignement primaire*, dont le titre dit l'objet; il est composé de trente cours scolaires et absolument obligatoires pour les élèves pendant tout le cours de leur apprentissage.

Nous devrions, pour être complets, ajouter à ces détails une autre série de mesures de prévoyance qui ont frappé le Jury. La maison Chaix a appliqué aux machines des appareils préservateurs; elle a installé des sonneries d'alarme, établi un service d'incendie, rédigé des instructions pour éviter les accidents, de manière à défendre l'enfant ou l'ouvrier soit contre un malheur venu du dehors, soit contre sa propre étourderie.

Mais ces sauvegardes, qui nous attirent et nous touchent, ne doivent pas nous faire perdre de vue l'école, qui est notre objet. Les cours, dirigés par des hommes très capables, sont organisés d'après un type qu'il importerait de connaître en détail; l'école est réglée par des programmes très précis. Aussi a-t-elle attiré spécialement l'attention du Jury, comme une des applications les plus heureuses de l'enseignement technique, en même temps qu'elle attirait l'admiration et les visites des imprimeurs étrangers.

Un mot encore. L'imprimerie Chaix a des fêtes scolaires, et là on reçoit encore un enseignement historique ou moral qui a sa valeur. Dans un discours prononcé depuis, M. Berger, l'un des professeurs, a eu l'heureuse pensée de retracer devant les élèves l'histoire même de l'ouvrier et par suite le progrès lent de cet enseignement professionnel qu'il montre prenant aujourd'hui sa place dans l'atelier même. Il rappelle comment les enfants et les femmes ont été victimes du progrès même de l'industrie, au moment où aucune loi effective ne réglait les conditions de l'apprentissage, et où la production, accélérée et révolutionnée par la vapeur, s'emparait de chacun sans tenir compte de l'âge, de la faiblesse ou des besoins de l'apprenti.

En regard de ce triste tableau apparaît l'organisation actuelle qui ne permet pas d'oublier le développement physique et moral de l'enfant. L'État a fait des lois préservatrices, les sociétés industrielles ont constitué un enseignement tour à tour manuel et théorique. L'apprentissage est une double éducation; l'esprit s'éclaire en même temps que le bras s'exerce; l'enfant passe de l'école primaire à l'école manuelle (qui en est le second degré), de là à l'école professionnelle. Au-dessus de ces écoles se placent l'école primaire supérieure, les écoles d'arts et métiers, les écoles centrales; plus haut encore l'enseignement des lycées, puis les écoles spéciales et l'enseignement supérieur. Cet ensemble gradué se dessine déjà sous le regard du législateur comme un édifice solide dans lequel les catégories d'enseignement se distinguent au lieu de se confondre et se soutiennent mutuellement au lieu de s'opposer. Il est intéressant d'entendre traiter, au nom de l'expérience et de la sagesse, de pareilles questions dans une vaste imprimerie, au milieu d'une population d'employés, d'ouvriers, d'apprentis, qui comprend à demi-mot.

L'ENSEIGNEMENT SECONDAIRE

DANS LES PAYS ÉTRANGERS.

Une revue comparative et universelle de l'enseignement secondaire, soit classique, soit spécial, chez les divers peuples, n'était pas possible à l'Exposition, pour cette double raison que l'abstention de certains pays nous enlevait les termes de comparaison nécessaires, et que nous étions hors d'état de vérifier l'exécution des programmes.

Deux pays surtout pouvaient donner lieu à un parallèle des plus instructifs : l'Allemagne, qui a fait des *Realschulen* un vaste système, et l'Angleterre, qui, au contraire, n'a jamais réussi à systématiser l'enseignement secondaire spécial. Elle l'a demandé par la voix de George Canning et de Robert Peel; elle l'a créé par une loi en 1865; elle l'a baptisé du nom d'*Enseignement moderne* (*modern side*). Mais les établissements indépendants, qui sont en majorité, et dont s'est moqué Dickens, échappent à l'action du Gouvernement. En revanche, des particuliers donnent des millions pour fonder tel ou tel grand établissement scolaire, quand ils veulent réaliser une idée qu'ils croient grande.

Il eût été intéressant d'étudier l'organisation de l'enseignement secondaire dans ces deux pays, s'ils avaient exposé.

ÉTATS-UNIS.

L'exposition de l'enseignement est des plus belles dans la section des États-Unis, non pas par des caractères extérieurs d'ordre graduel et d'organisation définitive, mais au contraire par l'aspect qu'elle nous présente d'un libre et actif développement dans toutes les directions.

Au premier abord, l'œil y cherche en vain et machinalement des divisions qui correspondent à celles de l'enseignement français. Une étude, même rapide, des faits, des objets exposés et des livres apportés laisse bientôt voir qu'il y a là un mouvement et des tendances qui ne peuvent appartenir qu'à l'Amérique. Ce mouvement n'est pas, autant qu'on pourrait le croire et qu'on l'a dit, dans l'esprit des méthodes. Sur le territoire de la pédagogie on s'expose à plus d'une méprise en parlant de l'enseignement américain, qui est souvent une mosaïque intelligente dont les morceaux viennent de partout. Je n'en veux d'exemple que le travail si curieux et si remarquable d'Arnold Guyot, lequel a imprimé aux études géographiques une direction si haute. Il y a plus de trente ans que M. Guyot, professeur suisse, d'origine française, élève de l'Allemand Karl Ritter, importa là-bas, avec l'érudition germanique et l'esprit de clarté qu'aime la France, une méthode géographique dont les traits principaux et inattendus sont la simplicité, la largeur et l'éloquence. Son beau livre, intitulé *La Terre et l'homme*, est un ouvrage cosmopolite, aussi bien par son origine que par son objet.

Le caractère que l'Amérique donne à l'enseignement, elle l'emprunte beaucoup plutôt de sa constitution et de ses conditions d'existence que des spéculations pédagogiques de ses *teachers* de divers ordres. Aussi faut-il, pour le comprendre, éviter la comparaison avec la France, ou même accentuer la différence des deux pays. D'ailleurs elle se manifeste d'elle-même par quelques faits élémentaires.

En France, l'enseignement secondaire dont le type est adopté se donne par l'État; en Amérique, il est institué par les États, libres chacun chez eux, et par les particuliers dont les fondations atteignent une véritable puissance. Leur origine est donc mixte et leur aspect multiple. En France, l'Université d'État domine absolument (ne fût-ce que par les programmes) toute autre corporation enseignante; en Amérique, les universités libres sont incontestablement plus nombreuses, mieux dotées, plus florissantes que celles de l'État, qui semblent là des exceptions. En France, nous tendons, en conséquence de notre organisation, à imposer l'unité absolue et jusqu'à l'uniformité à nos établissements; en Amérique, il n'y a réellement pas d'organisation uniforme. En France, on voit cette particularité qu'un enfant du même âge reçoit une instruction différente selon qu'il est placé dans une école primaire ou dans un lycée, ou du moins cette anomalie était-elle pleinement développée, il y a quelques années à peine, et si influente, si établie, qu'elle servait de base à tout le système de notre enseignement secondaire. En effet, à peine sur les bancs, les enfants étaient engagés dans la voie des études anciennes, dans le travail du latin qu'ils n'abandonnaient plus jusqu'à la sortie du lycée; en Amérique, c'est une préoccupation contraire, nous le verrons, qui introduit dans les classes élémentaires les leçons de choses pour préparer l'enfant, dès la première heure, aux études techniques ou professionnelles qui l'attendent plus tard. Ce seul trait permet de saisir d'avance, pour ainsi dire, les innombrables différences de méthodes qui vont séparer les deux pays.

Reste la différence capitale qui nous défend toute tentative d'assimilation entre les Américains et nous. Ils ont à résoudre un problème social d'un ordre tout particulier. Leur vaste pays s'emplit depuis le xviie siècle d'une foule toujours croissante d'éléments hétérogènes. S'il forme un immense foyer de travail, il présente aussi la physionomie inquiétante d'un énorme réceptacle d'immigrants, dont la majeure partie est illettrée et dont beaucoup sont des *desperados*. Ils ont en même temps à transformer ces nouveaux venus en citoyens de l'Amérique, en républicains et en travailleurs industriels ou agricoles. En appliquant la maxime de Washington, qui a dit : «Activez, comme une chose de première importance, la diffusion générale des connaissances humaines», ils ont affaire à des êtres qui arrivent soudainement par centaines de mille, sans parler de la population noire, et ils doivent asseoir sur les bancs des écoles une multitude flottante qui ne se prête guère à la régularité de la vie scolaire. Aussi s'est-il engagé une véritable lutte non seulement contre l'ignorance, mais aussi contre le vagabondage, contre les usages séculaires des hommes du Sud, contre ce qu'on pourrait appeler l'hétérogénéité américaine, et c'est précisément parce que cette lutte est vive, comme une question de vie et de mort, qu'elle est devenue nationale. En Amérique, tous les citoyens supportent l'impôt de l'enseignement, tous s'en occupent et s'y intéressent. Les généreux donateurs, comme le célèbre

M. Peabody, ne sont que l'expression individuelle d'une conviction générale qui est celle-ci : coûte que coûte et malgré toutes les résistances, il faut faire de chaque individu un travailleur américain, une abeille de la ruche.

Les 80 millions de dollars que donnent les États-Unis pour l'enseignement sont encore moins puissants que cet entraînement national, qui a enfanté avec tant de hardiesse et au milieu de tant de difficultés la loi fameuse établissant la gratuité de l'enseignement. La gratuité date de loin, puisqu'elle remonte à la fondation même des premières colonies saxonnes en Amérique ; elle a eu bien de la peine à se maintenir au milieu de l'agrandissement continu et colossal des États-Unis. De 1809 à 1878, on a traversé bien des périodes d'essais, de tâtonnements, d'échecs successifs, sans être parvenu, même aujourd'hui, à faire entrer tous les enfants dans les écoles désintéressées. Mais le principe n'a pas fléchi, et il reste debout, ayant force de loi, avec son double caractère, dont l'un est énoncé par la loi, à savoir que l'instruction est gratuite et obligatoire, et l'autre imposé par les mœurs, à savoir que l'instruction a en vue d'alimenter le travail américain, c'est-à-dire qu'elle obéira à des tendances pratiques.

On comprend que, dans de pareilles conditions, l'Amérique se préoccupe peu d'établir des divisions d'enseignement analogues aux nôtres. Elle est bien obligée d'étager comme nous les trois degrés qui correspondent aux trois périodes de la vie scolaire ; elle a des *écoles* au début, des *collèges* au-dessus des écoles, puis des *universités* répondant à nos facultés. Mais cette gradation générale et inévitable ne correspond plus à la nôtre dès qu'on entre dans le détail des choses. Un trait essentiel l'en distingue, c'est la préoccupation du but pratique à atteindre. Cette pensée introduit dans chacun des trois ordres une série de dispositions qui ont pour objet de faire prévoir à l'enfant l'emploi social de son activité. Tandis que chez nous l'écolier se dirige vers le baccalauréat, en Amérique il se dirige en même temps vers le grade de *bachelor* et vers une carrière.

L'enfant traverse, dans l'ordre primaire, trois sortes d'écoles: l'école primaire (*primary school*), l'école de grammaire (*grammar* school) et l'école supérieure (*high school*). Or, il se trouve, dès le début, en présence des leçons de choses, et quand il arrive à l'école supérieure, dans laquelle il ne trouve plus le maître instituteur venu des écoles normales, mais le professeur sorti des collèges ou des universités, il entrevoit déjà l'avenir, car le *high school* est réellement à cheval sur l'enseignement primaire et l'enseignement secondaire; là il réunit toujours l'enseignement pratique à l'enseignement théorique [1].

A leur tour les collèges, qui doivent en principe donner l'enseignement que reçoivent chez nous les élèves dans les classes supérieures de l'enseignement secondaire, empiètent sur l'enseignement supérieur et l'enseignement professionnel, non seulement par la composition des programmes, mais encore par le système total de l'enseignement et la subdivision des cours.

Il y a, en effet, deux ordres d'enseignement dans les collèges; j'ignore s'ils reçoivent le nom précis qui leur est dû, mais je le leur applique ici afin de pouvoir désigner les deux éléments d'instruction qui se combinent et se séparent tour à tour pendant cette période de la vie scolaire. Il y a une *éducation générale* qui enseigne la science ou les lettres, sans se préoccuper des applications pratiques, et, parallèlement, une *éducation spéciale*, qui est réellement l'apprentissage supérieur d'une carrière. La première est obligatoire: le futur médecin, le futur ingénieur, suivent le même cours général qui leur enseigne les vérités pures et spéculatives. Mais le médecin futur est invité à choisir, à côté

[1] The secondary education, carried on the *high schools*, *academies and seminaries*, to the studies of common schools adds:

1° On the side of theoretical command of material means : *a.* algebra, geometry, calculus, and some forms of engineering (surveying, navigation, etc.); *b.* natural philosophy or physics i. e. nature quantitavely considered); *c.* physical geography or natural history (nature organically considered);

2° On the side of the humanities: *a.* rhetoric; *b.* English literature; *c.* Latin (the basis of the English vocabulary, as regards generalization and reflection as well as social refinement); *d.* a modern language, commonly German or French, of which the latter serves the same general purpose as Latin, in giving to English speaking people a readier command, a more intuitive sense of the meaning of the vocabulary of words contributed by the Roman civilization to modern languages, and especially to the English (whose vocabulary is chiefly Roman, though its grammatical form is Gothic).

de cet enseignement, des cours spéciaux de sciences naturelles, de physique, de chimie, tandis que le futur ingénieur se décidera pour des cours spéciaux de sciences exactes, de dessin, de topographie, etc. Libre est leur choix, mais ils ne sont pas libres d'abandonner à leur caprice la ligne adoptée. En outre, il faut, aux uns et aux autres, pour avoir le droit de se présenter au baccalauréat, un certificat attestant qu'ils ont atteint un minimum déterminé dans les études générales et un autre minimum dans les études spéciales. On leur demande moins de connaissances spéciales parce que celles-ci sont destinées à les introduire dans la carrière des *études professionnelles supérieures* et ne peuvent pas encore être vérifiées de trop près. J'appelle l'attention sur ce système remarquable de spécialisation graduelle parce que nous avons visé au même but sans pouvoir y atteindre. Quand on a imaginé la bifurcation, on s'est contenté de donner aux élèves le choix entre les sciences et les lettres. Le plus grand nombre a choisi les sciences et n'y a apporté ni esprit de travail, ni préparation antérieure. On voulait alors ne plus étudier le latin, on choisissait les sciences « pour ne plus faire de lettres ». Cette option, toute négative, n'a servi qu'à désorganiser notre enseignement.

Le système américain est plus heureux parce qu'il est moins absolu, plus souple et plus préoccupé des véritables besoins positifs. On voit qu'il repose simplement sur le fonctionnement des cours dits *facultatifs* ou *complémentaires*. Il faudrait pouvoir y assister pour juger en connaissance de cause de leur efficacité. Ici nous nous bornons à dégager de l'exposition américaine et à signaler un type des plus importants de l'éducation moderne se pliant aux variations sociales et ethnographiques, et nous n'avons pas comparé la France aux États-Unis pour tirer de là une conclusion tranchante contre nos mœurs universitaires.

Aucun jugement définitif ne peut être porté de si loin et sur une exposition incomplète. Car les États n'ont pas tous paru à l'Exposition dans la mesure proportionnelle qui devrait les représenter. Précisément parce que les envois sont libres, qu'il y a « contribution volontaire », les organisateurs de l'exposition scolaire des États-Unis n'ont pas eu qualité pour établir une exhibition synoptique de l'ensemble des choses. On n'en doit que plus d'éloges à M. Richard M'Cormick, commissaire général, et à M. John D. Philbrick, qui ont trouvé moyen d'offrir aux visiteurs une réduction palpable en quelque sorte du grand mouvement producteur dont nous venons de parler. Homme d'enseignement, M. Philbrick a rédigé lui-même un remarquable exposé qui peut servir de guide à quiconque désire de plus amples détails; et il en est de toutes sortes qui méritent une étude attentive. Non seulement le caractère de spécialisation professionnelle que nous avons essayé de faire entrevoir se marque dans le système général des études, mais encore il a ses effets dans toutes sortes d'institutions supérieures et inférieures, avec des résultats particuliers. Sans parler des *Écoles professionnelles* proprement dites, on trouve, par exemple, parmi les écoles destinées aux noirs, le fameux *Hampton Institute* de la Virginie, qui forme une variété inconnue d'écoliers à demi campés et faisant tous les métiers pour vivre; on trouve au contraire, dans l'enseignement des facultés, des cours tout à fait spéciaux d'*art dentaire*, dont l'existence explique le succès, à travers les deux mondes, des praticiens de l'Amérique. Nous aurions aussi à parler de l'avantage que tirent les femmes du système des États-Unis, où elles rencontrent plus de facilité que chez nous à vivre du travail de leur esprit. Enfin, nous devrions faire une large place à cet auxiliaire puissant qu'on appelle d'un nom général, la librairie : aux États-Unis elle reçoit des besoins positifs des écoles une inspiration et une impulsion incessantes, et à son tour elle réagit sur le travail scolaire par sa production active, très riche en publications techniques. Enfin, l'Amérique peut d'autant mieux appliquer, au gré de ses besoins, des idées nouvelles, qu'elle se tient au courant de ce qui se fait partout. Dans la curieuse collection de ses *Reports* annuels, on lit l'analyse des actes, des faits, des discours relatifs à l'enseignement, et non seulement de ce qui se passe en Amérique, mais encore de ce qui se dit en Europe.

AUTRICHE.

Il y a peu de pays plus dignes d'intéresser quiconque s'occupe des questions d'enseignement que l'empire austro-hongrois. L'Exposition de Vienne en 1873, placée par sa date entre nos deux grandes expositions françaises, avait mis en lumière les travaux pédagogiques de cette nation, d'autant plus remarquables que de 1849 à 1873 elle a dû traverser quelques-unes des phases les plus périlleuses de son existence. On savait qu'en dépit des questions de nationalités qui lui créaient de vrais dangers, des questions religieuses qui avaient compliqué l'organisation des écoles, et des questions de langues qui, dans la vallée du Danube, constituent un obstacle permanent à la diffusion régulière de l'instruction publique, l'Autriche avait abordé résolument les problèmes de l'enseignement moderne. Des rapports sérieux et importants avaient rendu justice à l'exposition autrichienne, visitée par toute l'Europe [1]. En ce qui touche l'enseignement secondaire, nous savions qu'en 1870 le Ministère et le Parlement avaient provoqué une enquête sur l'état des gymnases et une réorganisation de ces établissements.

Notre surprise a été grande de voir qu'à l'Exposition de 1878, l'enseignement secondaire n'était pas représenté, pour le public du moins. Il l'était, pour le Jury, par une brochure fort bien faite [2], et par les explications aussi courtoises que précises de M. Bauer, notre éminent collègue. Mais l'exposition même, et la partie du catalogue consacrée à la classe 7, que nous offrait-elle? Pas un gymnase, et presque partout le développement de l'instruction professionnelle. Cette nouvelle preuve du mouvement général de l'époque se manifeste si pleinement dans le catalogue même de l'exposition austro-hongroise que nous devons en donner ici l'analyse.

D'après le catalogue de 1878, les exposants sont : l'École réelle du Schottenfeld, à Vienne (*Realschule am Schottenfeld*), placée sous le n° 53; l'École réelle supérieure (*Oberrealschule*) de Bohême (n° 54); les écoles du même degré pour le deuxième arrondisse-

---

[1] Rapport sur l'instruction primaire à l'Exposition universelle de Vienne en 1873, par M. F. Buisson.

[2] *OEsterreichisches Volks-und-Mittelschulwesen*, in der periode von 1867-1877. Im Auftrage des KK. Unterrichts-Ministeriums übersichtlich dargestellt von D' A. Egger-Möllwald, 1878.

ment de Vienne (n° 52); celle de Brunn, en Moravie (n° 28); celle
de Laibach, en Carniole (n° 29), dont les professeurs présentent
divers travaux; celle de Leitomischl (n° 3), dont un membre,
M. Barta, envoie une collection d'appareils ou de spécimens tous
relatifs aux sciences naturelles. On pourrait y ajouter celle d'Ol-
mütz, qui figure au catalogue sans avoir figuré à l'Exposition.

A côté de ces écoles réelles se place un gymnase *réel* communal
(*Communal Realgymnasium*), celui de Pilgram, en Bohême, qui
expose des préparations pour l'enseignement de l'histoire naturelle.

Puis viennent les *Écoles professionnelles* proprement dites (*Staats-
Gewerbeschulen*) et les écoles industrielles supérieures (*Höhere
Staats-Gewerbeschulen*), celle de Salzbourg (n° 11), celle de Czer-
nowitz (n° 12), et celles dont le nom même indique la spécialisation, comme l'École de constructions et machines annexée à
l'École de perfectionnement à Vienne (*Bau-und Maschinen-Gewerb-
schule*), et les écoles qui, à divers degrés, ont pour objet la culture du sol. A cette dernière catégorie se rapportent les n° 14,
19, 47, 48 et 51 du catalogue, c'est-à-dire les ouvrages d'enseignement agricole de M. Gohren, comme son livre sur les lois
naturelles de l'alimentation des animaux utiles à l'agriculture, les
plans et tableaux envoyés par l'École de Silésie, «École agricole
secondaire» (*Landwirthschaftliche Landes-Mittelschule*), l'exposition
de l'École viennoise de la Société d'horticulture (*Gartenbauschule
der Gartenbaugesellschafft*), celle de l'École de Tabor, en Bohême,
et celle de l'École forestière de Galicie. On a même introduit,
parmi cette série d'écoles d'application, une école spéciale d'ébé-
nisterie qui appartient plutôt à la classe 18 qu'à la classe 7,
mais qui, sans doute, est attirée à cette place par le voisinage des
écoles de dessin, lesquelles nous présentent une forme, et la plus
commune, de l'enseignement professionnel.

Les écoles de dessin sont spécialement représentées par cinq ou
six autres numéros, sous lesquels on a rangé l'École de Trieste
(*Triestiner Zeichenschule und technische Abendschule*), les écoles de
Vienne, pour hommes et pour femmes, et l'École de Brünn.

Presque tous les autres numéros sont consacrés à des collections qui se rapportent avant tout à l'enseignement *real*, qui sont l'outillage des cours professionnels et qui deviennent chaque jour, en Autriche, un art de plus en plus cultivé, en même temps qu'une branche de commerce importante. Un naturaliste de Vienne, M. Erber, emploie à des préparations d'histoire naturelle tout à la fois scientifiques et élégantes la main délicate de femmes instruites telles que Mlle Caroline Hammer, qui mérite d'être signalée ici. M. Fric, de Prague, confectionne un petit musée technologique tout prêt pour les écoles et dans lequel il fait entrer, à côté des minéraux ou des fossiles, les imitations des pierres précieuses. A Cracovie, le Musée industriel et technique travaille par d'autres moyens dans le même sens. Des fabricants d'appareils scientifiques, MM. Lenoir et Forster, sont entrés largement dans la voie de l'enseignement professionnel supérieur en mettant sous les yeux de tous des tableaux qui représentent les procédés des industries métallurgiques, chimiques et agricoles.

Au-dessus de ces entreprises se placent les chambres de commerce et d'industrie, ou même les ministères qui contribuent d'une manière désintéressée à l'exposition permanente des produits ou des procédés dont nous parlons. C'est ainsi que la Chambre industrielle de Pilsen (Bohême) a envoyé à Paris les produits de l'exploitation des mines. Quant au Ministère, il a désigné lui-même ce qu'il expose sous ce titre général : « Matériel et moyens d'enseignement du dessin récemment imaginés en Autriche. » Cours de dessin, modèles, études d'ornement géométrique, ornementation polychrome des surfaces, appareils de perspective, modèles d'art industriel, technologie du bâtiment, dessin des machines, types de broderies, montage des plâtres, étude des formes architectoniques, tels sont les détails de cet ensemble qui, on le voit, trahit partout un mouvement unanime en faveur de l'enseignement professionnel.

Déjà, en 1873, M. Buisson, dans le rapport précité, écrivait : « En Autriche, l'organisation de l'enseignement professionnel a commencé tard, mais elle se développe avec une rapidité et avec un succès extraordinaires. Il n'y a pas de pays, croyons-nous, qui, à cet égard, ait autant fait dans les six ou huit dernières années. »

Gr. II
Cl. 7.

Le fait capital qu'il faut retenir non seulement de l'exposition autrichienne, mais encore des lacunes qu'elle présente, c'est pour ainsi dire l'invasion de l'enseignement pratique dans le domaine de l'enseignement secondaire. En effet, l'Autriche possédait déjà dans l'enseignement supérieur de fortes écoles spéciales; mais il n'y avait rien entre l'ouvrier et le savant. Il fallait venir en aide tout à la fois à la population qui veut être conduite par des études à l'emploi industriel de ses connaissances, et à l'industrie qui est menacée de dépérissement si elle manque de contremaîtres intelligents. Sous la double pression des économistes et des familles, on a dû élargir et, disons le mot, briser le cadre ancien de l'enseignement. Ce cadre existe encore tout entier dans le plan même du Rapport autrichien de 1873 sur l'organisation de l'enseignement [1]. On y a divisé les matières en trois classes : *die Volkschule, die Mittelschule, die Hochschule,* et cette division correspond exactement à celle de l'administration française. En 1878, on mêle aux *gymnases* proprement dits les *gymnases réels;* on indique parallèlement aux uns et aux autres l'armée naissante des *Realschulen,* dont le progrès est indiqué dans le nouveau Rapport par des données statistiques telles que la suivante :

		1866-1867.	1876-1877.
Nombre des élèves	dans les gymnases.....	28,423	24,810
	dans les progymnases...	1,815	1,518

soit une diminution totale de 3,910 élèves.

		1866-1867.	1876-1877.
Nombre des élèves	dans les *Real-Gymnasien*	1,438	12,230
	dans les *Realschulen....*	11,239	21,152
	Total...........	12,677	33,382

soit une augmentation totale de 20,705 élèves.

Or, ce n'est là que le début du mouvement, et en outre il faudrait composer un tableau complet de toutes les institutions professionnelles qui, en deçà, au delà ou à côté de la catégorie des écoles secondaires (*Mittelschulen*), constitue un système et un ensemble comprenant tous les degrés soit d'écoles, soit d'ateliers, soit d'élèves : tableau impossible à faire exactement parce que le travail par lequel le Ministère procède à l'organisation de ce vaste ensemble n'est ni achevé ni uniforme. Il y a à peine quelques années qu'il a établi des écoles industrielles, dont neuf seulement existaient en 1878, et, d'une autre part, il subordonne sagement l'organisation de chacune des écoles à l'industrie du pays ou de la ville où elle doit se trouver.

Nous en avons assez dit pour expliquer l'exposition autrichienne de 1878 et pour caractériser la tendance de l'enseignement en Autriche, tendance que nous allons retrouver sous d'autres formes en Hongrie.

HONGRIE.

Le catalogue de l'exposition hongroise consacre dix lignes à peine à l'enseignement secondaire, c'est-à-dire à la classe 7, tandis qu'il donne aux classes 6 et 8, à l'enseignement primaire et à l'enseignement supérieur, plus de trente pages fort détaillées. Nous serions donc en droit de passer sous silence l'enseignement secondaire de la Hongrie; mais il s'est produit ici, d'une manière plus sensible encore que dans la section autrichienne proprement dite, un fait du même genre, également très caractéristique. La Hongrie se préoccupe avant tout de son avenir et elle croit l'assurer en fondant un enseignement moyen qui utilise les hommes plus immédiatement que ne peut le faire l'enseignement classique.

Pour notre part, nous devons rappeler que cet enseignement classique reste malgré tout, à nos yeux, le plus fécond et le plus sûr des moyens d'éducation nationale. Il ne s'agit pas de le supprimer, ni même de l'atténuer, si l'on veut accomplir une réforme sérieuse; il s'agit de le diriger. Mais la question n'a pas encore été posée de cette manière et, malgré eux, les peuples modernes subissent l'influence des deux opinions extrêmes et vulgaires que nous voyons se rencontrer partout. Nous avons déjà dit que les uns ne veulent plus de latin ni de grec (ce qui efface l'histoire et tarit toutes les sources) et que les autres ne veulent que du latin et du grec (ce qui revient à vouloir qu'une nation entière soit élevée comme une élite de lettrés et de savants). En présence de ce conflit, les nations qui sont obligées de diviser et d'échelonner les écoles de manière à employer dans toutes les voies les forces vives de la jeunesse, ces nations vont au plus pressé, s'occupent directement de l'éducation populaire pour multiplier les élèves, et de l'éducation supérieure pour créer des maîtres. Je n'en connais pas d'exemple plus saisissant que celui de la Hongrie qui, de par son catalogue, étrangle l'enseignement secondaire et qui, en réalité, vient de tenter l'impossible pour s'assurer un système d'instruction publique capable de susciter un grand mouvement national de travail et de progrès dans toutes les classes de la population.

Dans un *Exposé*[1] qui porte la trace de cette ardeur de propagande, le Ministère résume ses intentions et aussi les faits essentiels qui se sont accomplis depuis 1867 : «Ce n'est qu'en 1867, dit-il, l'année même où l'univers entier se rassemblait sur un même point, à Paris, que la nation commence, sous un régime indépendant, à élaborer librement la régénération de sa vie intellectuelle; et c'est cette date qui nous servira de point de départ. » On entreprit de réformer d'un seul coup toute l'instruction publique, erreur généreuse, qui est commune aux peuples et aux individus lorsqu'ils n'ont pas longtemps manié les affaires. C'était tout simplement impossible : sans parler des innombrables questions soulevées, des sommes à donner, des bâtiments à construire, des livres à acquérir, des professeurs à recruter, etc. Le problème difficile, c'est la création et le développement de la vie scolaire véritable, qui repose sur les mœurs de la famille (laquelle prépare l'enfant), sur les habitudes d'esprit de tout un peuple, sur l'élaboration des méthodes : rien de tout cela ne s'improvise. Eh bien, le mérite de la Hongrie est d'avoir entrepris l'impossible et d'avoir bravé toutes les difficultés ou accepté tous les sacrifices pécuniaires, en marchant en avant de telle sorte que trois années ont suffi pour jeter les bases de l'édifice nouveau.

---

[1] Exposé sur le développement (1867-1877) et sur l'état actuel de l'instruction publique, des sciences et des arts en Hongrie par le Ministère des cultes et de l'instruction publique.

Le mouvement commence en 1867; une loi est votée en 1868; Gr. II. le nombre des écoles élémentaires s'accroît immédiatement, et Cl. 7. aussitôt on voit naître les écoles élémentaires supérieures, les cours professionnels, les écoles réales; aussitôt on aborde l'objet qui va, par la force des choses, grandir d'heure en heure, la création d'un enseignement technique complet. « Il y a un *certain* lien, dit l'Exposé, entre l'enseignement élémentaire et l'enseignement professionnel; » mais, après avoir risqué cette timide déclaration, l'auteur ajoute, beaucoup plus énergiquement : « Pour l'enfant qui quitte l'école primaire et qui, dans la vie, doit chercher plus tard son existence, comme agriculteur, comme industriel ou comme marchand, c'est un *besoin indispensable* d'acquérir des connaissances plus larges, répondant autant que possible à la carrière qu'il veut embrasser un jour. » Partant de là, on déclare, au Ministère et au Parlement, que l'enseignement professionnel est d'une nécessité absolue et que le ministre sera chargé (1876) de présenter un rapport sur l'organisation de cet enseignement. En attendant, on introduit des cours agricoles et des cours industriels partout où on peut le faire. On y ajoute ces cours pour les femmes et ces leçons d'*industrie domestique* qui sont l'honneur de l'Autriche et de la Hongrie. Budapest devient le centre d'un mouvement soutenu. On organise ou l'on réorganise des écoles spéciales de tout genre. Enfin, en 1878, on présente à l'Assemblée législative un projet de loi définitif sur l'enseignement industriel. Telle est, à larges traits, l'histoire de cette campagne scolaire qui s'enferme précisément dans une période de dix ans, entre nos deux expositions. Le Jury a examiné avec une attention vive les premiers résultats du nouveau système et salué les efforts de la Hongrie. Pour nous ici, nous avons dû marquer le progrès de l'enseignement technique. Quoique l'Exposé essaye de démontrer que l'enseignement classique n'a rien perdu, qu'il a seulement « cédé à l'école réale une partie de son contingent », il demeure visible qu'il a perdu du terrain, et les chiffres le disent. En effet, l'enseignement secondaire des gymnases avait, en 1867, 33,908 écoliers; en 1876, 27,800; il en perd plus de 6,000. L'enseignement des écoles réales était donné en 1867 à 2,661 élèves; en 1876, à 7,197; il en a gagné environ 4,500.

ITALIE.

L'Italie possède le *Lycée*, à la manière française, sous un autre nom; elle l'appelle *Instituto*; elle-même déclare [1] que cet ordre d'établissements ne présente pas, dans la Péninsule, de caractère original; mais que, de même encore que chez nous, l'enseignement secondaire est resté très longtemps plus littéraire que scientifique, jusqu'au moment où les pouvoirs publics ont avisé aux moyens d'y faire pénétrer des études nouvelles, des matières scientifiques et des méthodes modernes. Des programmes publiés en 1867, une enquête ordonnée en 1872, et surtout, disons-le, la situation faite à l'Italie depuis qu'elle peut introduire dans la langue et les études de tous l'unité qu'elle vient d'atteindre dans l'ordre politique, ont provoqué dans les études secondaires un mouvement qui est spécial à ce pays. On se tromperait de croire qu'il consiste seulement dans la réforme des lycées; il est plus divers et plus caractéristique. D'une part, les Italiens doivent perfectionner les lycées dans toutes les provinces qui en possèdent et les développer sur un même plan; en second lieu, il faut que ce plan soit inspiré par une doctrine sévère qui agisse sur l'esprit même de la nation et le corrige; en troisième lieu, le lycée à peine institué, il faut qu'il compte avec l'enseignement spécial qui va lui donner l'assaut, ici comme partout.

Ces assertions trouvent leur justification dans les documents mêmes que nous a envoyés l'Italie. Que les méthodes sévères du lycée puissent corriger les défauts de ces belles contrées méridionales, la *Relazione* l'avoue sans détour; quel mal y aura-t-il, demande-t-elle, à perdre un peu des qualités d'imagination et des raffinements de goût pour acquérir l'esprit d'attention et d'observation [2]?

Quant à l'intrusion des études techniques dans l'enseignement,

[1] L'insegnamento classico in Italia non differisce, quanto al fine, da quello degli altri Stati. (*Relazione statistica sulla istruzione pubblica e privata in Italia*, p. 84.)

[2] Ma è poi da aggiungere che, in compenso di una fantasia più vivace e del gusto più finamente educato, si revela nei giovani un'attenzione più desta a osservare un inclinazione più forte a riflettere, etc. (*Ibid.*, p. 87.)

elle éclate ici comme partout ; elle se manifeste sous toutes les formes, depuis l'atelier jusqu'à l'école supérieure.

L'industrie cite des exemples comme ceux des écoles qui ressuscitent dans le nord de l'Italie l'art du verrier, l'art de la dentellière, l'art du fabricant de soie. On raconte l'aventure de Concia Scarpariola, cette vieille ouvrière qui avait gardé les modèles et les secrets de la dentelle de Venise, qui fut chargée d'enseigner aux jeunes filles et qui, dans l'île de Burano, créa une industrie en créant une école.

Les écoles supérieures, les ministres, les hommes d'État, demandent pourquoi on ne ferait pas de l'école une source de fortune. Nous recevons un Rapport spécial sur l'enseignement industriel [1] en dehors du Rapport général. Le Jury entend les explications éloquentes du député Luzzatti, qui a été dans l'administration le promoteur le plus ardent d'une organisation totale de l'enseignement technique ; enfin, je crois devoir reproduire ici les éclaircissements fournis aux jurés par la Commission italienne. A nos questions sur l'état réel de l'enseignement secondaire, ils ont répondu :

Il y a en Italie, sous la dépendance du Ministère de l'instruction publique, deux ordres d'institutions : les institutions classiques et les institutions techniques.

On appelle classiques les gymnases et les lycées, excellents en certains endroits, médiocres ailleurs, mais ordinairement inférieurs aux institutions correspondantes de l'Allemagne pour ce qui concerne la vigoureuse éducation classique.

La culture classique était profonde dans les lycées du pays vénitien et de la Lombardie, où l'on conserve d'excellentes traditions. Toutefois, pour ce qui touche aux institutions classiques, on reconnaît généralement en Italie la nécessité d'une réforme qui se ferait sur le principe suivant : en diminuer le nombre et les fortifier toujours davantage, aussi bien dans l'étude de la littérature ancienne que dans la culture scientifique. Un savant volume présenté à l'Exposition et qui traite de l'instruction classique à Pavie donne

[1] Istruzione industriale e professionale in Italia nell'anno 1878. (Rapport au ministre par M. Oreste Casaglia.)

une idée de nos institutions, très louables dans leur ensemble et en voie de progrès.

Ce qui est nouveau chez nous, c'est l'action, ce sont les effets récents de l'instruction technique. Elle se trouve depuis peu de temps sous la dépendance du Ministère de l'instruction publique par suite de la suppression récente du Ministère de l'agriculture, de l'industrie et du commerce. Elle comprend tout un groupe d'institutions (instituts techniques, écoles navales, écoles d'arts et métiers) qui, à son tour, constitue au Ministère de l'instruction publique une section très importante, la *Section de l'instruction technique*.

Le principe qui préside à l'organisation générale de ces institutions est le suivant : les instituts techniques sont des écoles de culture générale secondaire non classique, contenant des études qui s'appliquent à des groupes donnés de professions productrices. Ils diffèrent des écoles d'arts et métiers par l'excellence de la culture générale; des athénées belges et des écoles allemandes, par le fait que la culture générale est doublée et aidée par les applications qui s'y associent. A ce point de vue, nos instituts techniques ont un caractère original qui mérite d'être examiné.

Les sections principales que l'on y comprend reçoivent le nom de *physico-mathématique* (pour les élèves qui se destinent à la carrière de l'ingénieur), ou de *commerciale, agricole, industrielle, navale* (comprenant la navigation et la construction des navires). Il y a des instituts qui ont plusieurs sections; d'autres ne comportent que les sections conformes aux besoins du pays. Le lycée peut être partout le même; l'institut technique, quoique répondant à une même idée première, doit se modifier selon les exigences locales.

A l'Exposition on trouve les travaux de dessin des élèves des instituts techniques et des écoles navales. Ces dernières, comme il était bien naturel dans un pays éminemment maritime, ont été distribuées tout le long de nos côtes et quelquefois avec une richesse d'enseignements divers dont on ne trouve pas d'exemple dans les autres parties d'Europe. Quelques-unes de ces écoles, comme celles de Gênes, de Livourne, de Palerme, de Sorrento, sont vraiment excellentes.

Les problèmes pédagogiques très graves que l'enseignement secondaire fait naître sont traités maintenant en Italie avec beaucoup d'ardeur. Convient-il de séparer l'instruction technique de l'instruction classique dans l'ordre secondaire et dans l'ordre supérieur? Le monde technique, rejeté et méconnu par les écoles classiques, a surgi et s'est constitué tout seul en rendant à la société de bien grands services par le fait des applications de la science. Mais aujourd'hui les écoles classiques de tout degré (secondaires et supérieures) montrent leur tendance à s'approprier les éléments les plus essentiels de l'enseignement technique (dessin, langues modernes, applications des sciences naturelles, etc.); les écoles techniques de tout degré cherchent à se parer de la culture littéraire et générale (langue latine, littérature, histoire, etc.). Pourquoi ne pourrait-on pas pacifier ces deux adversaires par l'institution d'une nouvelle école réunissant tout ce qu'il y a de plus caractéristique d'un côté et de l'autre? L'école technique et le gymnase, le lycée et l'institut technique, l'Université et le *Polytechnicum* formeraient trois degrés de la nouvelle institution. Voilà le problème grave et difficile qu'on tend aujourd'hui à étudier avec le plus grand intérêt en Italie.

Mais en attendant qu'on l'ait résolu, il faut louer la féconde activité avec laquelle le Ministère de l'agriculture et du commerce s'est occupé sans cesse de l'éducation technique de notre jeunesse, et nous méritons que l'Exposition de 1878 récompense spécialement les instituts techniques et les écoles navales.

Les *Écoles d'arts et métiers* rentrent dans l'instruction secondaire, mais leur but essentiel est d'appliquer directement les sciences à l'activité économique en formant les contremaîtres, et en général ce qu'on pourrait appeler les sous-officiers industriels. A cette branche de l'instruction on a donné dans ces derniers temps en Italie le plus grand développement. La méthode adoptée pour cet ordre d'enseignement est la méthode belge qui tient l'atelier séparé de l'école. L'ouvrier élevé à l'école-atelier ne vit pas au milieu des conditions naturelles de la concurrence : il se gâte. L'école doit donner les notions de la science et leurs applications expérimentales. L'école, par exemple, apprend à celui qui veut devenir

Gr. II.
——
Cl. 7.

teinturier les applications de la chimie à la teinture, mais elle ne remplace pas l'art du teinturier, de même que les grandes manœuvres ne remplacent pas le champ de bataille.

A l'Exposition nous avons des spécimens très importants de cette sorte d'institutions. L'*École des mineurs* d'Iglesias, en Sardaigne, qui correspond à celles d'Alais, dans le Gard, et de Charleroi, a donné d'excellents résultats. Elle contribue à diminuer l'importation coûteuse des chefs mineurs étrangers et, avec les écoles analogues de Caltanissetta (Sicile) et d'Agordo (Vénétie), elle complète la série des institutions scolaires qui s'adressent au personnel inférieur des mines.

On n'a jamais institué une école supérieure des mines parce qu'on trouve plus avantageux d'envoyer se perfectionner aux écoles des mines de Paris, de Liège, de Londres, etc., les jeunes gens d'élite qui sont reçus ingénieurs en Italie.

L'*École de sculpture sur bois*, de Florence, a donné d'excellents résultats, comme il est prouvé par les travaux remarquables qui ont été envoyés à l'Exposition. Déjà à Vienne cette école a obtenu des primes; mais depuis lors elle s'est toujours améliorée et elle est maintenant le type des institutions de ce genre comme le prouvent les artistes distingués qu'elle fournit aux industries artistiques de la Toscane et surtout de Florence. C'est ainsi que l'*École de Sesto Fiorentino* suit les progrès de la céramique dans la fabrique de Doccia appartenant au marquis Ginori ; que l'*École des dentelles de Burano* a ressuscité une industrie artistique qui avait joui dans le temps d'une grande réputation ; que l'*École des verriers de Murano* concourt à augmenter les admirables progrès de l'art de la verrerie. Il ne faut pas oublier le noble et utile essai d'une *École d'administration des chemins de fer* fondée pour donner au personnel administratif les connaissances indispensables de comptabilité, de géographie, de tarifs, de règlements de chemins de fer.

En Italie, on ne doute pas qu'à l'aide des applications de la science et du dessin, les écoles ne puissent améliorer les industries existantes, comme il arrive à l'École des dentelles de Burano. Mais on n'a pas la même confiance dans l'efficacité des *Écoles d'arts et métiers*, qui sont mieux faites pour seconder et compléter que pour susciter des industries fondées sur le capital.

Au-dessus de ces écoles, bien plus nombreuses que l'Exposition ne les montre, car toutes n'y sont pas représentées (et l'on sait fort bien qu'un pays est toujours plus complet qu'il ne le paraît aux expositions), il y a les *Écoles techniques supérieures* ou sections du *Polytechnicum* ; on en a deux pour l'agriculture, Milan et Portici ; une pour l'art naval à Gênes ; ajoutez-y le *Musée industriel* de Turin, l'*École supérieure de commerce* de Venise, qui est, pour le bilan et pour la méthode, la plus importante en Europe, c'est-à-dire supérieure à celles d'Anvers, de Vienne et de la France. Ces écoles supérieures sont les pépinières des professeurs qui se destinent à l'enseignement dans les instituts techniques. Et à propos de ces professeurs, une mention spéciale doit être faite des livres des professeurs Pinchetti et Bossi sur l'enseignement du tissage de la soie, car l'art du tissage a progressé grâce à leurs efforts.

Comme on le voit, le projet de l'édifice est complet ; il ne reste à souhaiter qu'une chose, à savoir que le temps et l'expérience le consolident.

BELGIQUE.

L'exposition belge, à laquelle on a apporté le soin et l'habileté venus de l'expérience, est peut-être la plus parfaite que nous ayons vue. Comme pour réparer les imperfections des essais antérieurs, on avait apporté un véritable luxe dans les moindres détails comme dans l'ordonnance générale, ce qui a fait dire que l'exposition belge était la plus lisible de toutes. Installée dans une des annexes, elle s'y développait à l'aise, elle y étalait l'image même de ses bâtiments scolaires et elle mettait en pleine lumière les travaux qui font l'honneur du pays. M. le Directeur de l'enseignement secondaire, M. Sauveur, est venu lui-même expliquer l'économie du système secondaire belge. C'est une combinaison ingénieuse des divers enseignements dans laquelle ils sont tour à tour étagés et entremêlés.

Au sommet de l'enseignement secondaire se placent les *Athénées royaux*, ou écoles moyennes supérieures ; au-dessous, les écoles moyennes inférieures ou écoles moyennes de l'État (pour les distinguer de celles des communes et des provinces, des collèges communaux, patronnés ou libres). Au premier abord, il y a là une simple hiérarchie d'établissements. À y regarder de plus près on trouverait, en Belgique, un sujet d'étude et d'observation plus curieux, je veux dire la comparaison des établissements libres fondés par des corporations religieuses ou par des évêques, et des établissements laïques non libres, ceux-ci reliés entre eux par la communauté des concours, des inspections et des grades exigés des professeurs. Cette comparaison échappe à un jury d'exposition, et nous nous renfermerons dans notre sujet en étudiant la seconde partie de l'organisation scolaire, à savoir le mélange, graduellement introduit, des cours pratiques dans les cours classiques. Les athénées, qui paraissent correspondre à nos lycées, sont divisés en deux sections, celle des humanités et la section professionnelle. Nous pourrions dire qu'il existe une troisième section, celle des sciences commerciales, qui est une classe préparatoire aux écoles appliquées. Il y a des enseignements obligatoires et communs aux classiques comme aux professionnels; les uns et les autres étudient le français, le flamand, les mathématiques, l'histoire et la géographie; mais, dans la section professionnelle, on donne plus de temps aux langues vivantes, et l'on joint aux cours de sciences naturelles de fréquentes manipulations. Ainsi l'élément pratique a gagné beaucoup de terrain.

Il est absolument le maître dans les écoles moyennes qui sont en réalité des écoles primaires supérieures, retenant l'élève pendant trois années et l'exerçant avec soin à la pratique du calcul, aux applications de la géométrie et du dessin, aux utilisations de l'histoire naturelle et au perfectionnement de l'écriture.

Le Gouvernement belge nous a mis à même d'apprécier les travaux d'élèves en cherchant à donner une idée de la force moyenne des élèves. Les devoirs, cahiers, cartes, dessins, compositions, ont été soumis à l'examen du Jury, avec une grande sincérité; puis on a pris soin d'y joindre les spécimens de produits obtenus par les élèves du cours de manipulations chimiques. La préoccupation de l'enseignement pratique est visible dans cette partie de l'exposition.

Elle se retrouve dans les écoles d'adultes et dans les écoles industrielles, artistiques, agricoles, commerciales, militaires, que l'on a attribuées à la classe 8. Il faudrait ici parler des ateliers d'apprentissage, notamment de ceux de la Flandre orientale qui ont obtenu la médaille d'or en 1867, et qui continuent à rendre de grands services à l'industrie comme à la classe ouvrière.

Nous voudrions nous arrêter aux divers établissements qui, en Belgique, participent ainsi de l'école et de l'atelier. Dans l'ordre spécial des arts du dessin, l'École de dessin et de modelage de Molenbeek-Saint-Jean, l'École de Saint-Josse-ten-Noode et d'autres encore ont attiré vivement l'attention du public et du Jury, et les suffrages de tous leur étaient disputés par les travaux de jeunes filles qu'avaient exposés, avec le plus grand bonheur, les écoles professionnelles de Bruxelles et de Liège. On retrouvera plus loin le rôle de ces écoles, quand nous parlerons du dessin et des travaux des femmes. Nous en avons assez dit pour marquer l'activité progressive de la Belgique dans l'enseignement secondaire sous ses deux formes : elle fait le plus grand honneur à ce pays.

RUSSIE.

L'instruction publique, en Russie, offre ce caractère singulier qu'elle est calquée exactement sur les types de l'Europe occidentale, et qu'au premier abord elle n'appelle pas une étude particulière, tandis qu'en réalité elle a un rôle à part ; elle entreprend de faire donner notre instruction occidentale par des maîtres russes, ce qui est une difficulté, et à tous les Russes, ce qui est encore plus difficile, car la population en majorité n'est pas prête à la recevoir. Le Gouvernement russe a ce problème à résoudre d'approprier graduellement à un peuple jeté entre l'Asie et l'Europe, et très différent de lui-même quand on va du nord au midi ou de l'est à l'ouest, l'unité et les degrés d'enseignement qui trouvent chez nous des élèves préparés. Sans parler des *allogènes*, des tribus qui parlent le votiake, le tchérémisse, le tatare, le bouriate, le tchouvache, en considérant soit les différences profondes des principales provinces russes, soit les ferments qui agitent et soulèvent les classes sociales, soit enfin les guerres qui ont mis en mouvement et la nation et le vieux sang des Slaves, on se demande comment on a pu appliquer là un système réfléchi d'éducation. Le Gouvernement russe répond qu'il vient de traverser une période d'organisation et qu'il trouvera précisément l'unité par l'école.

L'ensemble de l'exposition scolaire russe prouve que ce n'est pas là un mot. On aperçoit du premier coup des musées, des collections, des livres, qui forment un répertoire complet des sciences enseignées; à côté des méthodes qu'on a prises en bloc à l'Allemagne, à côté des écoles industrielles qu'on a fait organiser par les plus habiles de nos compatriotes, on voit des essais dans lesquels la Russie marche la première, comme les lycées de filles, et des travaux absolument originaux, tels que les grands travaux géographiques, ou des études nécessairement locales, telles que les ouvrages en langues diverses qui supposent un mélange très curieux de nos idées et de la linguistique appliquée à la traduction de ces idées.

L'exposition du Ministère de l'instruction publique de Russie ne peut pas donner, si belle qu'elle soit, une idée suffisante de l'effort énergique qui a été fait par le Gouvernement russe et du progrès de l'enseignement secondaire sous la direction du ministre, le comte Dimitri Tolstoï.

Avant tout, on a étudié franchement les vices fondamentaux de l'enseignement et du système, s'il y en avait un. Une enquête sérieuse a établi que plus d'une fondation scolaire était en ruines; que les nécessités modernes n'étaient pas consultées dans le choix des études, et surtout qu'on manquait de direction comme de bases certaines. Un travail général, tour à tour de détail et d'ensemble, a été résolument entrepris, cela au milieu des crises ou des luttes politiques. Avant tout, on a décidé que la réforme porterait sur l'outillage, si je puis ainsi m'exprimer en désignant par là les maîtres à fournir, aussi bien que les livres, les bibliothèques, les musées et tous les instruments de travail. La question d'argent n'a pas arrêté un moment le vaillant ministre qui a dégagé le vrai problème en posant *la question scientifique,* c'est-à-dire en déclarant qu'on manquait de maîtres. Sans retard on a procédé à une opération difficile qui consistait à transformer de jeunes Russes

Gr. II.
—
Cl. 7.

en bons élèves d'École normale supérieure. On a fondé des pépinières qui ont reçu les divers noms de *Séminaires* ou d'*Instituts*, en créant du même coup des bourses pour subvenir aux besoins des étudiants nécessiteux. Ces écoles ont un caractère mixte ; elles participent de nos facultés, de notre grande École normale, et même de notre École de Cluny : car un *Gymnase* est annexé à l'une d'elles, pour que les futurs maîtres puissent s'exercer à l'enseignement secondaire, en même temps qu'ils reçoivent l'enseignement supérieur.

Cette entreprise explique tous les détails des documents que l'exposition russe nous a présentés, et particulièrement les fondations d'*Instituts d'histoire et de philologie* que l'on voit se répéter : en 1867, à Saint-Pétersbourg ; en 1873, à Dorpat, à Kharkof, à Kazan ; en 1875, à Niéjine, où le vieux lycée fondé par le prince Bezborodko est transformé en école supérieure.

La fondation qui manifeste le mieux et de la façon la plus caractéristique l'intention, comme le plan du Ministère russe, c'est celle du *Séminaire philologique russe* établi à Leipzig sous la direction du professeur Rietschl, et, après la mort de celui-ci, sous la direction du professeur Lipsius. Jusqu'en 1873 on avait compté sur les professeurs venant de l'étranger, et quand ils manquaient, on en appelait des contrées slaves de l'Autriche, comme l'on fit notamment en 1866. Mais ces deux sources peu à peu se tarirent, et l'on s'apercevait de plus en plus de la nécessité d'avoir, pour l'instruction générale de la nation, des professeurs sérieux de langues anciennes, en même temps que l'on constatait tous les jours combien les jeunes maîtres russes avaient à faire pour atteindre le niveau moyen de savoir « philologique » des maîtres des autres pays, les Russes surtout des « provinces foncièrement russes », comme dit le Rapport officiel du Ministère. C'est alors qu'on prit le parti d'appliquer franchement la méthode d'emprunt qui fait passer rapidement d'Occident en Russie les derniers résultats et les plus récents progrès de la science. On ouvrit en pleine Allemagne, à Leipzig, un *Séminaire* dont l'on confia l'organisation aux « professeurs les plus autorisés en philologie classique », MM. Frédéric Rietschl, Georges, Curtius et Lange. D'ailleurs on ne laissa ignorer à personne que cette institution était toute temporaire et précisément destinée à permettre que la Russie, un jour donné, possède un solide enseignement classique, sans faire appel à l'étranger pour le recrutement de ses professeurs. Du reste, on n'a pas attendu longtemps pour créer des établissements nombreux d'instruction secondaire, on les a répandus de telle sorte que tous les chefs-lieux des gouvernements de l'empire en possèdent au moins un. Il est vrai que l'État n'en a pas toute la charge; il est vrai aussi qu'ils n'offrent rien de particulièrement original (sauf les lycées de filles), car ce sont les *Gymnases* de l'Allemagne transportés tout d'une pièce dans les provinces russes, et aussi les *Progymnases*, c'est-à-dire les gymnases qui ne contiennent que les classes inférieures, ce qu'on appelle en Allemagne, soit progymnases, soit *Vorschule*. Comme chez nous, ces maisons d'éducation secondaire et classique préparent les élèves à suivre les cours des facultés (ou universités). Mais toujours est-il que le nombre de ces copies s'est augmenté avec une surprenante rapidité.

Au 1ᵉʳ janvier 1877, la Russie possédait 129 gymnases, dont :

99 entretenus par l'État;

23 entretenus par l'État, les municipalités et les États provinciaux;

7 entretenus par les municipalités et les États provinciaux.

Elle a en outre 66 progymnases, dont :

39 entretenus par l'État;

27 entretenus par l'État, les municipalités et les États provinciaux.

Ce qui surprendra davantage, c'est que le même Ministère ait pu, dans le même temps, poursuivre une tâche analogue à tous les degrés de l'enseignement supérieur et de l'enseignement primaire, et qu'en outre il ait fait une large place à cet enseignement technique ou professionnel qui se glisse aujourd'hui partout.

Il y a un enseignement professionnel supérieur. Pour celui-là, on créa en 1869, à Novo Alexandria, l'Institut d'agronomie et de sylviculture; en 1870, à Jaroslav, la Faculté de droit qui remplace le lycée Démidof; en janvier 1878, à Saint-Pétersbourg, l'Institut archéologique qui prépare des archivistes paléographes.

Dans l'enseignement inférieur, on a introduit toutes les méthodes d'enseignement professionnel qui sont répandues en Europe, et toujours par le même procédé. On a envoyé à l'étranger MM. Evale et Kovalevski, avec la mission de se mettre au courant de tous les ouvrages adoptés en Allemagne, en Autriche et en Belgique, d'examiner le matériel d'école et d'en acquérir ou d'en commander de bons exemplaires. Après eux, M. Hesen a exécuté un nouveau voyage du même genre, lequel est devenu l'objet d'un rapport rendu public. C'est ainsi que livres, instruments, programmes, sont arrivés de toutes parts, et que l'on a rédigé un règlement pour déterminer les matières à étudier dans toutes les écoles professionnelles. Les voici, dans l'ordre qui a été adopté :

Religion.
Langue russe.
Langue française.
Langue allemande.
Histoire.
Dessin linéaire et dessin mathématique.
Mathématiques.
Histoire naturelle.
Physique.
Chimie.
Mécanique.
Correspondance, tenue des livres, comptabilité.
Modelage.
Arpentage, nivellement.
Construction.
Technologie de la chimie.
Manipulations dans les laboratoires.
Géographie commerciale.

Nous ne nous arrêterons pas à étudier à part les *Écoles réales* ni les *Écoles professionnelles* proprement dites qui ne nous offrent rien de notablement particulier. Nous remarquerons seulement les faits qui sont dignes d'attirer l'attention, et qui ne peuvent être signalés ailleurs.

Le plus important est le mouvement qui s'est produit dans toutes les classes et qui les porte vers l'enseignement pratique. Il s'est manifesté d'abord par les nombreuses requêtes des États provinciaux demandant l'autorisation de créer des écoles professionnelles ou des progymnases; en second lieu par la tendance de beaucoup d'écoliers à quitter le progymnase pour l'école professionnelle.

De son côté, le Ministère, afin de provoquer chez les maîtres un mouvement correspondant, avait institué le prix Pierre le Grand pour encourager la publication de livres et de manuels présentant les meilleures méthodes d'instruction pratique et populaire.

En outre, il mettait à l'étude la question dite *des langues vivantes*; allant jusqu'à projeter la création d'un établissement spécial où l'on préparerait des maîtres de langue française et de langue allemande, connaissant suffisamment le russe. Loin de se décourager des premiers insuccès des cours de langues modernes, le Gouvernement russe, au contraire, prend texte de cet insuccès même pour en induire la nécessité d'avoir une bonne école normale pour les maîtres de langues modernes.

Enfin, et c'est la partie la plus originale, sinon la plus heureuse de l'exposition russe, on a créé des lycées de filles que peut-être l'expérience transformera en établissements professionnels. Nous en parlerons en traitant des travaux de femmes.

Le grand travail du Ministère russe tend à tripler les charges de l'État : le budget de ce Ministère, qui était, en 1867, de 2,575,000 roubles, est, en 1878, de 7,150,000 roubles. Mais le nombre des élèves dans les écoles a plus que doublé.

Il est intéressant de montrer ici le nombre relatif des élèves dans l'enseignement secondaire, dans l'enseignement professionnel et dans les lycées de filles.

NOMBRE DES ÉLÈVES DANS LES DIVERS ENSEIGNEMENTS.

ARRONDISSEMENTS SCOLAIRES.	GYMNASES et PROGYMNASES.	ÉCOLES RÉALES PROFESSIONNELLES.	GYMNASES et PROGYMNASES de jeunes filles.
Saint-Pétersbourg	5,453	1,111	2,802
Moscou	7,683	1,427	6,370
Kharkof	5,136	923	6,248
Kazan	3,119	734	3,576
Vilna	4,100	1,213	495
Kiev	5,882	1,615	2,464
Odessa	4,956	1,743	5,138
Orembourg	1,614	415	2,147
Dorpat	3,691	732	514
Varsovie	7,778	893	2,862
Sibérie	1,289	82	2,262
TOTAUX	50,701	10,888	34,878

Ce qu'on vient de lire n'a trait qu'au champ d'opérations dont dispose le Ministère de l'instruction publique. Le Ministère de la guerre rivalise avec celui-ci. Il se fait pédagogue à son tour, pour diriger plus sûrement ses écoles militaires et ses écoles de pages. Il étudie et perfectionne les méthodes; il les expose dans un musée créé tout exprès; il encourage l'activité des usines de géographie qui dessinent, gravent et vendent à bon marché une foule de cartes précieuses. Il va sans dire que les sciences naturelles ont leurs grandes entrées dans la bibliothèque du Ministère de la guerre. Bref, en s'occupant de toutes les branches du savoir qui peuvent, de près ou de loin, perfectionner militairement la Russie, le Ministère étend chaque jour son action sur l'instruction proprement dite.

Ce n'est pas tout encore. La Russie montre avec orgueil trois écoles techniques : l'*École des métiers* du czarewitch Nicolas, à Saint-Pétersbourg, l'École centrale de dessin technique ou *École Stroga-*

noff, à Moscou, et l'*École impériale technique* de Moscou, auxquelles je joindrais l'*École de la société de l'art appliqué*, à Helsingfors, si l'exposition de la Finlande et les beaux travaux accomplis à Helsingfors ne se rapportaient pas plutôt à l'enseignement supérieur.

L'*École des métiers* a une grande mission; elle recueille l'enfant pauvre qui deviendra artisan et lui offre toutes les connaissances utiles aux professions manuelles. Elle est née de la bienfaisance, soutenue par des dons volontaires, patronnée par le czarewitch, et toute jeune, car elle date de 1875. Mais ce n'est pas un atelier subordonné à la commande, c'est une école qui exige que l'enfant suive d'abord des cours, qu'il satisfasse ensuite à des examens, avant de permettre qu'il exécute un ouvrage de commande. On lui donne l'intelligence de l'outil et le secret du travail.

L'*École Stroganoff*, qui dépend du Ministère des finances et qui a des ateliers d'impression lithographique, de céramique, de peinture sur porcelaine, de gravure, est une grande école d'art industriel qui en réalité pourrait réclamer comme sienne l'exposition de soieries, de bijoux, de bronzes, de pièces d'orfèvrerie qui a été faite par les fabricants russes. Elle s'appuie sur l'enseignement pour atteindre le plus haut degré possible de perfection industrielle. Aussi a-t-on demandé à notre compatriote, M. Natalis Rondot, une collaboration pour ainsi dire pédagogique. Il a rédigé un travail spécial sur les meilleurs moyens d'enseignement à appliquer dans l'intérêt de l'industrie de la soie. On ne pouvait s'adresser à un meilleur juge. M. Rondot veut qu'une école professionnelle soit une école normale, et ses idées ont reçu déjà des applications cosmopolites dont l'École Stroganoff nous donne un exemple.

L'*École technique de Moscou*, dirigée par M. Della-Vos, a causé une vive impression aux hommes pratiques. La belle exposition qu'elle présentait, les œuvres achevées de ses ingénieurs mécaniciens, de ses ingénieurs «technologues», de ses constructeurs et de ses contremaîtres ont donné à penser aux exposants des écoles étrangères d'arts et métiers. Ses programmes, dans lesquels on voit une organisation très nette qui distingue avec soin en quatre sections les mécaniciens, les technologues, les constructeurs et les praticiens, attestent qu'elle est, dans son état actuel, une des formes les plus élevées de l'enseignement technique et qu'elle a mis à profit le débat de 1873. On sait qu'en 1873, il a paru en Angleterre, en Allemagne, en Amérique, en Belgique, d'importantes brochures sur cette question : Quelle part faut-il attribuer à la théorie, quelle part à la pratique dans les écoles techniques supérieures ? L'École de Moscou a résolu le problème à sa manière en continuant les cours de telle sorte que l'élève ingénieur passe tour à tour de la théorie à la pratique. Elle est devenue une école polytechnique avec usine, et toute son histoire, depuis dix ans, est dans cette difficile transformation. Ailleurs, on forme ou des théoriciens ou des manœuvres; là on vise à les associer ou à les fondre. Fondée en 1830, réorganisée en 1868, elle a été l'objet des éloges de professeurs éminents comme M. de Cuyper, ou d'ingénieurs compétents comme M. Al. Clair. Pour nous, au point de vue de l'enseignement scientifique, nous n'avons qu'à louer; au point de vue de l'enseignement moral, nous en blâmerions l'absence, s'il n'était pas convenu, dans presque toutes les écoles polytechniques, que l'éducation de la pensée humaine par les lettres est chose inutile. C'est là une erreur absolument universelle; il faut que toutes les erreurs fassent leur temps, et si l'École de Moscou est complice de celle-ci, elle n'en est pas responsable.

SUISSE.

Le caractère de l'activité intellectuelle en Suisse, dans ce pays admirable, qu'ont aimé tant de travailleurs, depuis les historiens comme Gibbon et les poètes comme Byron, jusqu'aux maîtres comme Topfer, est trop connu pour que nous parlions ici avec détails de l'influence exercée sur les écoles et l'enseignement par le milieu dans lequel se développent les méthodes pédagogiques. Il est pourtant naturel et nécessaire de rappeler qu'il y a, à travers la vie des écoles, un courant d'idées, de mœurs, de lectures et d'observations qui exerce une influence décisive sur la manière dont l'enseignement est donné et reçu. Il n'est que juste de féliciter la Suisse à cet égard; il s'y trouve une atmosphère de liberté individuelle et d'études paisibles qui permet aux législateurs d'organiser

Gr. II.
—
Cl. 7.

l'enseignement avec le concours de tous. Le séjour de la Suisse invite à l'étude des sciences naturelles, sa constitution l'oblige à introduire dans ses programmes des cours d'instruction civique. Sa situation géographique, entre l'Allemagne, la France et l'Italie, qui fait d'elle une Trinacrie continentale, semble la préparer à recevoir les trois courants d'idées qui effectivement se manifestent dans ses riches librairies. Les cantons ont mis à profit toutes ces circonstances et ont cherché à résoudre, chacun à leur manière, les problèmes que présente l'organisation de l'enseignement moderne.

Dans l'enseignement secondaire, nous trouvons un exemple, digne qu'on l'étudie, de l'appropriation que la Suisse a faite de l'enseignement pratique à l'enseignement classique. Comment combler la regrettable lacune qui sépare l'instruction primaire de l'instruction secondaire? Comment ressaisir l'enfant qui sort mal instruit de l'école primaire, et comment le perfectionner en le préparant à la vie? Comment encore le ramener au travail intellectuel sans le dérober au travail des champs? Ses parents font déjà de lui un auxiliaire utile: comment éviter le combat entre l'*école* et la famille, entre l'instruction et l'agriculture? Voici comment on s'y prend dans le canton de Genève pour continuer, en le transformant, l'enseignement primaire, et arriver presque à l'enseignement secondaire pratique.

On a établi des cours du matin, des cours de l'après-midi et des cours du soir. Un garçon de treize ans se rend le matin à l'*école secondaire rurale*, y passe trois heures et demie, puis rentre à la maison. Une fille de treize ans vient au contraire à l'école dans l'après-midi. Ceux qui ne peuvent pas donner ainsi une moitié de leur journée au travail d'esprit trouvent à leur disposition les *écoles du soir*, qu'on appelle aussi, quand il s'agit des filles, *écoles complémentaires*.

Ces dispositions excellentes ne conviennent plus à la jeunesse que l'on destine dès le début aux études secondaires proprement dites; on procède alors autrement. Un système, habilement pondéré, de collèges à deux sections, reçoit les élèves presque gratuitement: là les uns reçoivent l'instruction classique, les autres l'instruction industrielle et commerciale, tous une instruction commune sur des points déterminés; et à la sortie, le collège se trouve avoir préparé à peu près également les enfants, soit à embrasser une carrière, soit à entrer dans les cours supérieurs de l'Université. Tel est, avec des modifications diverses, selon les cantons, le fonctionnement général de l'instruction secondaire en Suisse, mais encore une fois les mœurs scolaires de la Suisse forment une partie réelle de son système d'enseignement, et c'est là un de ces faits qui ne se mettent pas dans une exposition.

En revanche, la Suisse a pu indiquer, à l'Exposition de 1878, l'impulsion qu'elle donne à l'éducation des femmes, et par exception nous parlerons ici de cette question devenue si importante. Non seulement la Suisse élève d'une manière spéciale les jeunes filles du pays, mais encore elle en reçoit de toutes les parties de l'Europe.

L'École secondaire et supérieure créée par la loi du mois de juin 1848 contient plus de mille jeunes filles dont un tiers d'étrangères. Elle relève uniquement de l'État, pour son administration, la haute direction de l'enseignement et le budget. Études littéraires, études scientifiques, études morales, études économiques, musique, dessin, calligraphie, couture, tels sont les principaux objets de l'enseignement. Les leçons de gymnastique, dite *gymnastique de chambre*, sont obligatoires pour les élèves des trois classes inférieures. L'enseignement facultatif comprend des leçons de religion pour les principaux cultes, des cours de langue anglaise, italienne et un cours de peinture de fleurs.

Le plus grand nombre des branches d'études est confié à des maîtres spéciaux. Les maîtresses et sous-maîtresses, chargées en première ligne de la surveillance éducative des élèves et qui doivent assister à toutes leurs leçons, sont appelées également à enseigner le français (grammaire et orthographe), la géographie, les ouvrages à l'aiguille : elles font de même répéter quelques-unes des leçons des professeurs.

« Habituer de bonne heure la jeune fille à manier sa pensée, à établir des liens entre les diverses connaissances qu'elle acquiert, faire sans cesse appel à l'activité de son esprit, l'interroger, non d'après le texte du livre ou du cahier, mais sur le fond même de l'objet d'étude, se préoccuper moins de lui faire beaucoup apprendre que de la mettre à même de bien comprendre, exclure avec soin, même à l'égard des élèves les plus jeunes, tout travail de nature mécanique, éviter en un mot tout ce qui ne va pas droit à la culture de l'intelligence et ne tendrait qu'à une demi-instruction, tels sont les principes généraux qu'on s'efforce de mettre à la base de l'enseignement. »

Le cours d'études dure huit années divisées en six classes qui sont suivies d'un *cours supérieur*, durant deux ans et consacré à préparer, comme dans une école normale, les jeunes personnes qui se vouent à l'enseignement.

Pendant les trois dernières années, les jeunes filles peuvent être autorisées à ne suivre qu'un ou plusieurs cours à leur choix; elles sont dites élèves *externes*. Celles qui suivent tous les cours du programme ont le titre de *régulières*.

Au bout de chaque semestre des examens ont lieu sur toutes les parties de l'enseignement qui déterminent la promotion ou la non-promotion des élèves. L'exhortation, la comparution devant le principal, et le renvoi, à temps ou définitif, de l'élève, sont les seuls moyens de répression en usage. Point de pensums, point d'ouvrages supplémentaires.

Le budget de l'école pour l'année courante est de 108,000 francs approximativement.

Le traitement du principal est de 3,000 francs par an; celui des maîtres (fixé à tant par année pour une heure de leçon par semaine) varie de 150 à 400 francs l'heure, suivant la nature et le degré de l'enseignement donné. Les maîtresses d'étude reçoivent un traitement annuel de 2,000 francs, les sous-maîtresses, de 1,200 francs. Le droit d'inscription des élèves régulières se règle à raison de 10 francs par semestre. Les élèves externes payent chaque cours, à raison de 2 francs par semestre, pour une heure de leçon par semaine. Les rétributions des externes appartiennent aux maîtres dont elles suivent les cours, sous prélèvement d'un dixième qui revient à l'État. Les leçons dépendant de l'enseignement facultatif, à l'exception des leçons de religion, qui sont gratuites, se payent 20 à 30 francs par an. Les maîtres de cet enseignement ne reçoivent pas de traitement de l'État.

Gr. II.
—
Cl. 7.

ESPAGNE.

L'exposition espagnole de l'instruction publique n'a pas donné une idée juste des travaux de ce pays, ni une idée avantageuse. Si le savoir et la courtoisie des commissaires n'avaient pas réparé l'imperfection du classement et le retard du catalogue, on aurait été exposé à apprécier fort mal un pays que sa nature, sa richesse et ses efforts actuels rendent capable de progrès inattendus. Il arrive trop souvent, et cela par la faute de l'Espagne, que l'on ignore la valeur de ses travaux. L'étranger qui visite Madrid, Séville ou les archives de Simancas croit faire une découverte quand il assiste à la vie intellectuelle de l'Espagne. Les cours des facultés, les programmes des écoles, la confection des livres classiques, révèlent des aptitudes et des énergies qui n'ont qu'un défaut, celui de ne pas se produire hors de la Péninsule. Nous regrettons que l'Espagne n'ait pas saisi, à l'Exposition de 1878, l'occasion de montrer avec ordre ce qu'elle a fait depuis dix ans. Le Jury, en donnant une médaille d'or au Ministère *de Fomento*, s'était rendu compte de tout ce qui a été accompli par l'administration de l'instruction publique en Espagne, plutôt qu'il n'avait pu juger les objets exposés, pour ne pas dire entassés. La liste des récompenses qui signale et place très haut plusieurs établissements espagnols d'instruction secondaire montre que les fouilles du Jury n'ont pas été sans résultats. Elles ont été aidées par l'intelligence et le savoir de commissaires qui confessaient de bonne grâce les vices de forme relevés par les visiteurs.

Ce point éclairci, et nous devions l'éclaircir pour justifier les décisions du Jury, nous avons à parler ici du mouvement imprimé par l'Espagne à l'instruction publique pendant les dix dernières années. Il a porté sur toutes les branches et a dû se diversifier en s'étendant aux provinces plus ou moins unies de la Péninsule. Des hommes dévoués à cette grande cause l'ont servie avec la générosité ardente que l'Espagne met aux choses, lorsqu'elle s'en occupe. Le comte de Toreno n'a pas hésité à demander au Gouvernement tous les sacrifices possibles pour régulariser et ennoblir les publications administratives, littéraires ou scientifiques qui intéressent la vie intellectuelle ou l'enseignement. Non seulement il a publié ce magnifique volume intitulé *Cartas de Indias* qui dépasse en magnificence nos belles publications officielles des Documents relatifs à l'histoire de France, cela en 1877, mais encore il a fait réunir dans deux beaux volumes les dispositions administratives prises à l'égard de l'instruction publique : c'est la *Compilacion legislativa de instruccion publica*, dont les deux premiers volumes (publiés en 1876-1878) comptent plus de deux mille pages.

A ces documents est venu se joindre un travail tout spécial, dressé avec le plus grand soin par un des plus éminents promoteurs de l'instruction publique en Espagne, M. de Cardenas, et qui a permis au Jury d'apprécier la marche suivie dans la transformation graduelle de l'enseignement secondaire.

L'administration officielle de l'enseignement secondaire en Espagne forme un département très large de la direction générale, qui comprend, outre les lycées et les écoles spéciales, les bibliothèques et musées, les bibliothèques populaires, et aussi une branche fort différente de l'ordre intellectuel, le bureau de la propriété littéraire.

A parler franchement, bien des choses encore sont mêlées en Espagne. Pendant longtemps l'instruction secondaire a gardé, elle garde encore aux yeux de quelques-uns une physionomie qui la rattache plutôt au moyen âge qu'au temps présent. Apprendre le latin, c'était naguère se destiner à certaines carrières, par exemple à la vie ecclésiastique. Le principe du Ministère actuel est de restituer à l'instruction générale son but plus élevé.

Il faut, dit-il, instruire avant tout, diriger l'intelligence et lui donner des forces : c'est la mission de l'enseignement secondaire [1]. Il résulte de ce point de vue une singularité apparente, qui pourrait donner lieu à une équivoque. On reproche à l'enseignement classique d'avoir été trop professionnel, et quand les Espagnols veulent lui enlever ce caractère, ils déclarent qu'ils ne veulent plus

[1] Su mision,.... es educar. Dirige el entendimiento del joven y desarrolla y robustece sus facultades.

d'un enseignement secondaire professionnel. Il faut s'entendre sur les mots : le professionnel ici est celui qui, par le latin, conduisait à une profession libérale. Or, la pensée des Espagnols est d'élargir les cadres de l'enseignement public, qui fut constitué, dans le principe, sur les idées purement classiques, et composé de chaires de latin multipliées. Avoir fondé une « chaire de latinité », c'était avoir fondé un lycée. Mais le temps vint où l'étude du latin fut si routinière et les élèves si peu enthousiastes que l'on devait prévoir le jour où le nombre des élèves, diminuant, serait en raison inverse du nombre des chaires s'accroissant toujours.

Malheureusement ces sortes d'observations se font pendant longtemps sans déterminer de réformes. Ce n'est qu'en 1857 qu'une loi relativement hardie divisa l'enseignement secondaire en « études générales » et « études d'application ». Un décret de 1868 confirma cette mesure en publiant deux programmes : l'un intitulé *Método de enseñanza con latin*, l'autre *Método de enseñanza sin latin*. Le programme d'enseignement spécial, ou sans latin, comprit les principes généraux de l'art, les principes du droit civil et les éléments de l'agriculture.

Aujourd'hui l'Espagne possède 61 établissements ou *Institutos de segunda enseñanza*, dans lesquels on ne comprend pas les établissements purement professionnels. Il faut mettre à part les écoles industrielles ou spéciales, les conservatoires, les instituts commerciaux. Ces fondations, d'ailleurs, traversent évidemment une phase de variations que l'on ne pourrait expliquer ici qu'en exposant l'état des provinces espagnoles, divisées de langage, de mœurs et d'intérêts. Le Rapport espagnol ne parle pas de cette situation, qu'on n'aime pas à avouer, et que d'ailleurs l'unité d'enseignement fera disparaître le jour où les Espagnols le voudront fermement.

A l'heure qu'il est, l'enseignement secondaire classique offre des types d'établissements très importants, comme le collège Cisneros; les grandes fondations techniques spéciales sont représentées par le Conservatoire de Madrid et par la belle *École industrielle de Barcelone*. Ce qui est aussi important à noter, c'est que l'Espagne veut organiser l'étude positive de sa propre richesse et dresser en même temps un plan d'exploitation de son sol si riche et un plan d'éducation pour les citoyens qui l'exploiteront. Dans les salles mêmes de l'Exposition, le spirituel commissaire, M. Santos, étudiait lui-même avec beaucoup de persévérance une question économique de premier ordre, laquelle consistait à placer l'Espagne au premier rang des contrées vinicoles.

PORTUGAL, GRÈCE.

Le Portugal, pays à part, qui a joué dans l'histoire des découvertes maritimes un rôle unique et qui cite en un même siècle tant de noms héroïques, le Portugal a eu plus à faire qu'aucun pays d'Europe pour entrer dans le système des institutions modernes. Les mêmes qualités, viriles et un peu dures, qui ont fait de ses navigateurs de si grands hommes, ont aussi empêché pendant longtemps la nation portugaise de s'assouplir aux mouvements des idées européennes. Quand des esprits supérieurs ont proposé des réformes, ils ont été obligés, ou de procéder par de violentes mesures, ou de s'avouer vaincus. Jusqu'en 1844, l'instruction secondaire a été le monopole des établissements ecclésiastiques; et aujourd'hui, en 1878, le Gouvernement envoie à l'Exposition un mémoire qui se termine ainsi : « Le Gouvernement, dans la ferme résolution de donner à l'enseignement secondaire une organisation complète et qui puisse satisfaire aux nécessités de la civilisation, a nommé une commission chargée de formuler un plan général de réforme, avec tous les moyens d'exécution. » Pourtant le Portugal possède 21 lycées, et la loi de 1866 permet d'en modifier l'organisation pédagogique selon les besoins de la jeunesse. Pourtant, encore en 1867, le Gouvernement a fondé 31 écoles destinées à spécialiser les études, mais la plupart de ces écoles ont manqué d'élèves parce que les mœurs étaient plus fortes que la loi. C'est ce qui explique que l'exposition portugaise, très remarquable pour l'instruction primaire et l'instruction supérieure, nous apporte dans l'enseignement secondaire une promesse d'avenir plutôt que des réalisations présentes.

La Grèce, qui dépense annuellement 1,060,000 drachmes

pour l'enseignement secondaire, a superposé aux *Écoles helléniques*, qui contiennent 7,646 élèves, les *Gymnases*, qui donnent une instruction supérieure et contiennent 2,460 élèves.

Elle y joint, sans parler des écoles hiératiques, qui sont des séminaires, une école polytechnique, destinée d'abord aux ouvriers artistes et aujourd'hui à tous les artisans, une école d'agriculture, une école militaire et des écoles navales. C'est un faisceau de jeunes écoles professionnelles, auquel il faut joindre une fondation d'un nom bizarre, l'*Hétairie philecpédeftique*, en d'autres termes une école pour l'instruction des filles, fondée en 1836, très pauvre alors, aujourd'hui riche, qui sert et de collège et d'école normale, et qui devient le centre de tout un système d'instituts.

SUÈDE, NORWÈGE, DANEMARK.

Le catalogue ne présente rien pour l'exposition de l'enseignement secondaire en Norwège, ni en Danemark; et la Suède n'envoie qu'un tableau géologique, et, chose étrange, le même catalogue dit à la section *Norwège* : « L'enseignement secondaire comprend les écoles du soir, les écoles primaires supérieures, au nombre de 728, les écoles secondaires pour les études classiques, les écoles supérieures et les écoles spéciales ou techniques : écoles de dessin, de peinture, de commerce, etc. » Nous avons dit les causes de ces anomalies et il serait fastidieux d'y revenir, mais l'exemple devait être noté au passage, car les pays dont nous parlons sont célèbres par leur respect pour l'instruction publique et ce n'est pas au hasard qu'ils agissent en cette matière. Si leur exposition rentre mal dans nos cadres, c'est qu'ils ont un système à eux et un système en pleine application depuis une vingtaine d'années. « Il y a quarante ans, dit Ljumberg [1], il n'existait pas une seule école publique pour l'enseignement de l'agriculture et de l'exploitation forestière. » Il ajoute : « Aujourd'hui, il y a 29 écoles spéciales, dont 2 pour le jardinage, 7 pour la culture forestière, 9 pour les arts et métiers et la partie technique, 1 pour la construction navale et 9 pour la navigation, sans parler des établissements particuliers pour le commerce, la navigation et la cul-

[1] *La Suède*, p. 22; Paris, 1867.

ture forestière. » Cela était écrit en 1867; on voit déjà percer dans ces lignes l'intention qui va dominer tous les actes des directeurs de l'instruction publique : s'inspirant des besoins économiques du pays, ils ont voulu rendre les écoles aussi professionnelles et aussi spéciales que possible. En conséquence, ils ont créé des écoles primaires professionnelles (ou supérieures, ou industrielles, ou agricoles, ou pour travaux de filles), et, ce qui est trop oublié ailleurs, un « séminaire pour la formation d'instructeurs d'écoles professionnelles »; c'est une première série qui transforme ou dirige l'instruction primaire générale.

En second lieu, on a organisé une catégorie plus élevée d'écoles sous le nom d'écoles moyennes ou écoles spéciales inférieures (*Elementar läroverk*), lesquelles se subdivisent diversement; mais toutes elles sont traversées par deux lignes, comme on s'exprime dans les rapports officiels : par la ligne classique et la ligne réale. Détail important à noter : il y a des matières facultatives dans la ligne classique, il n'y en a pas dans la ligne réale; là tous les cours sont obligatoires.

En troisième lieu, la Suède a organisé à part un *Enseignement technique*, car il faut songer aux « personnes qui sont déjà entrées dans les métiers » et que l'on ne peut astreindre à la vie scolaire. Pour celles-là on a institué les cours du dimanche et les cours du soir. Les matières d'enseignement sont le dessin, le modelage, l'arithmétique, la géométrie, la mécanique, les éléments de la physique et de la chimie, la connaissance des marchandises, la science de l'outillage, les exercices de composition et la tenue des livres.

Cette fondation est rappelée dans les rapports au chapitre de l'enseignement supérieur. Pourquoi? parce qu'on ne sait où la placer. En réalité, c'est un nouvel ordre d'enseignement et il est indéfini : en effet, la variété des professions entraîne ici la variété des programmes et celle des établissements; on spécialise de plus en plus, d'après la tendance indiquée plus haut. En outre, le législateur relie dans sa pensée ces cours du soir ou du dimanche aux écoles dites *techniques,* et il en forme tout un ensemble. La Suède a, en effet, rapproché ces cours de ses quatre *Écoles techniques* élémentaires, de l'*École des arts et métiers*, fondée en 1844, de l'*É-cole de tissage*, des *Écoles inférieures des mines*, de l'*École industrielle Chalmers*, fondée par le conseiller Chalmers au commencement du siècle, et même de l'*École polytechnique de Stockholm*. Elle place dans le même ordre les établissements professionnels et spéciaux créés pour l'*enseignement agricole*, pour l'*enseignement de la sylviculture*, pour l'*enseignement de la médecine*, pour l'*enseignement militaire*, et enfin les neuf *Écoles de navigation* « pour la formation des matelots de la marine marchande ». Ces dernières comportent des subdivisions qui attestent avec quel soin on élabore les programmes toujours en vue du métier, de la profession, de l'application directe.

On voit, par ce trop rapide exposé, que la Suède poursuit dans l'ordre de l'enseignement l'exécution d'un grand projet, qui est de créer à côté de l'enseignement général un enseignement appliqué traversant toutes les catégories d'instruction et toutes les classes sociales.

Nous aurions à présenter des observations spéciales sur tous les pays scandinaves, sur la Norwège, sur le Danemark, si nous parlions des pays mêmes. Il serait d'un intérêt majeur de donner une description exacte des mœurs scolaires, lesquelles ont, dans ces pays, un caractère particulier d'élévation simple; mais nous devons rester dans nos limites.

CANADA.

Le Canada a eu à l'Exposition une belle place, bien qu'il fût en quelque sorte isolé de tous, ne se rattachant pas à l'Angleterre, qui n'expose pas. Il a, sans bruit et sans affectation, résolu d'être alors par lui-même. Outre des comptes rendus et des rapports plus détaillés, mieux faits que ceux des autres pays, et peut-être plus sincères que les tableaux statistiques des grands États, le Canada a déposé modestement dans ses vitrines des devoirs d'élèves, également sincères, que nous avons lus. En rhétorique, par exemple, telle copie, avec les taches et les fautes qui sont la marque de fabrique, attestait la présence et la vitalité d'un enseignement classique de premier ordre.

On se rendrait mal compte de ce fait très réel si l'on ne se rappelait que les difficultés mêmes qui empêchent le Canada d'unifier ses institutions, les luttes politiques, les divergences sociales, l'antagonisme originel des races, ont entretenu là un courant vigoureux d'idées et de convictions. En défendant ses opinions, on s'exerce à la parole, au maniement de la pensée, aux études supérieures. Tandis que la race saxonne, aujourd'hui maîtresse du terrain, vient développer l'enseignement pratique dans toute la vallée du Saint-Laurent, les défenseurs de l'influence française veulent conserver les doctrines qui ont chez nous présidé à l'éducation des plus grands esprits. Il en résulte que le « vieil » enseignement classique s'y maintient avec un mélange de tradition et de sève juvénile.

On peut retrouver la marque et l'accent de ces opinions dans l'excellent livre de M. Chauveau, intitulé l'*Instruction publique au Canada* (Québec, 1876). Il avoue que le monde moderne doit modifier le système de l'enseignement secondaire, mais il fait ses réserves : « L'enseignement moyen, dit-il, et l'enseignement spécial, déjà représentés jusqu'à un certain point dans notre système par les écoles normales, par les académies commerciales de nos grandes villes, par un certain nombre de nos collèges industriels et de nos écoles modèles dans les campagnes, l'enseignement moyen et l'enseignement spécial ou professionnel ont un très grand besoin d'être développés.

« La tendance des choses sur ce continent nous poussera nécessairement dans cette voie où nous ne faisons que d'entrer. Mais il ne faut non plus rien exagérer, et ne pas trop restreindre notre enseignement classique et supérieur auquel nous devons tant de succès. Nos rivaux des autres origines ont fait d'heureux efforts pour faire disparaître la supériorité qu'ils admettaient chez nous sur ce point, et que lord Durham lui-même a constatée dans son rapport ; ne nous hâtons point de déposer une si belle couronne ; parons-la de tous les accessoires utiles que nous voudrons ; mais, de grâce, ne la laissons pas tomber du front de notre jeune nation.

« C'est la culture des lettres qui élève les idées, qui fortifie les plus généreuses dispositions de l'homme ; c'est elle qui, combinée avec l'éducation domestique de nos pères et rayonnant de nos col-

lèges dans nos familles, a conservé la distinction et la véritable
noblesse des sentiments, et a été l'une des sources les plus vives
du patriotisme et de l'honneur civique.

« L'enseignement classique n'est pas non plus aussi dédaigné
qu'on le suppose, même chez les peuples les plus mercantiles...

« N'exagérons donc point un mouvement bien nécessaire, sans
doute; mais faisons-le, ce mouvement, sans détruire ou amoin-
drir ce qui a fait notre gloire. Au sujet de l'éducation comme au
sujet de la nationalité, étendons, ne repoussons point... Formons
des marchands, des ingénieurs, des chimistes, des manufacturiers;
mais soyons certains aussi qu'un peu de littérature est un lustre
qui ne nuit pas à l'éclat de l'or, que Virgile ou Racine ne con-
tredisent rien de ce qu'enseignent Euclide et Barrême, et que pour
avoir commenté Homère, M. Gladstone n'en est pas moins un
des plus grands économistes, un des plus grands financiers de
l'Europe. »

L'ENSEIGNEMENT DES FEMMES.

**FONDATION DES ÉCOLES TECHNIQUES. — TRAVAUX D'AIGUILLE.
ÉCOLES DE DESSIN. — LYCÉES DE JEUNES FILLES.**

L'enseignement des femmes doit son développement sérieux au commerce et à l'industrie, c'est-à-dire que le caractère professionnel attaché à certaines écoles les a fait seul connaître, aimer et fréquenter. Ce que les philosophes réclamaient sans l'obtenir, la reconnaissance du droit des femmes dans la vie moderne, se trouve obtenu de fait par la création spontanée des cours les plus modestes à l'usage des filles. Les questions fort graves de l'amélioration du sort des femmes, de l'élévation de leurs salaires, de la dignité de leur existence, de leur droit à la liberté par le travail, de l'avenir des orphelines, de la retraite des veuves, de l'accès des unes ou des autres aux emplois et professions que les hommes détiennent, tous ces problèmes soulevés depuis longtemps par les penseurs, mais aussitôt déplacés, faussés et compromis par les déclamations ou les utopies soit des ambitieux, soit des femmes émancipées, ont trouvé leur solution pratique dans la nécessité de former des caissières pour une ville de commerce ou des brodeuses pour une ville d'industrie. Une simple école de comptabilité, un atelier de couture et de broderie, devenaient l'embryon d'une véritable école technique et professionnelle, pourvu qu'il se trouvât, ici ou là, des femmes résolues, se passionnant pour l'œuvre même, s'y consacrant tout entières, et l'élevant de proche en proche, de manière à l'étendre de l'enfant à la jeune fille et de la jeune fille à la femme.

Il s'en est trouvé, et sans doute un bon nombre que nous ne connaissons pas, dans tous les ordres de la société. Combien d'âmes ont été émues par ces misères de la fille du peuple et occupées à en chercher le remède, on ne le saura jamais! Il fallait ici, comme dans l'enseignement technique des garçons, régulariser, universaliser les institutions que l'on essayait de fonder et leur donner surtout une sanction, en suivant l'élève au delà de l'école. Toute fille qui est certaine d'obtenir un emploi par son travail éprouve au moins la tentation d'étudier. A l'heure où j'écris, à Paris, il en vient le soir, en plein hiver, par la boue et la neige, qui veulent suivre les cours de comptabilité, de langues vivantes, de dessin, etc.

A Saint-Quentin, en 1877, on voyait 673 élèves se rendre au cours de Mlle Bertaux, ou plutôt à l'atelier-école, dans lequel on fait un cours pratique de lingerie. Toute la ville maintenant sait qu'une fillette qui suit de bonne heure cet enseignement mixte gagnera quelque chose de bonne heure, et que, par exemple, une enfant de treize à quatorze ans, revenant du cours de Mlle Bertaux, rapporte chez ses parents 1 fr. 25 cent. ou 1 fr. 50 cent. Il est vrai qu'elle a travaillé depuis longtemps; on commence à neuf ans cet apprentissage, ou même à huit ans; ici l'on entendra quelque objection sur l'excès du travail des enfants dans les manufactures, mais il y a une loi dont l'effet salutaire répond aux scrupules de chacun, et d'ailleurs il faut distinguer le travail dans les manufactures du travail dont nous parlons, qui est mixte, qui unit l'atelier à l'école, l'exercice de l'intelligence à celui des bras, l'intérêt du travailleur à l'intérêt du patron.

La ville qui réclame l'honneur d'avoir fondé la première l'enseignement commercial pour les femmes est la ville de Lyon. En 1857, la Chambre de commerce décida qu'une école serait ouverte et rattachée aux établissements que dirigeait la Société d'instruction primaire. Mlle Élisa Luquin proposait un plan d'études qui fut adopté; on établit des cours d'arithmétique, de grammaire, d'écriture, de droit, à côté du cours fondamental de comptabilité. Plus de 100 jeunes filles ou jeunes femmes se présentèrent pour les suivre. En 1859, l'Exposition universelle de Londres, à l'instigation de M. Michel Chevalier, accordait une récompense à la directrice, en signalant un ouvrage qui la frappa et qui était intitulé *Études commerciales*, par Mlle E. L..., directrice du cours public de comptabilité commerciale à Lyon. M. Baudrillart entretint de ce livre les lecteurs du *Journal des Débats*. Une fois connue, l'œuvre trouva des imitateurs au dehors; Saint-Étienne, Grenoble, Amiens, Marseille, Paris, ont pensé à fonder des institutions analogues à celle de Lyon, en demandant à Lyon non seulement des programmes, mais encore des professeurs. Ainsi les élèves de ces cours, destinées à devenir des caissières trouvèrent dans l'enseignement une carrière nouvelle. Le succès se confirma à l'Exposition de 1867, et encore en 1868, lorsque M. Duruy, alors ministre de l'instruction publique, et portant sur tous les points de l'enseignement son active attention, fit une visite à l'école de Mlle Luquin. Il lui accorda une subvention de l'État, « en y mettant, dit un rapport de l'époque, cette condition que l'institution de Lyon se préoccuperait de former des professeurs pour toutes fondations analogues faites en France ». Depuis ce moment, malgré des heures de doute ou de difficultés, l'école a continué son travail et agrandi encore ses cours. Je vois ajoutés, sur les derniers programmes, l'histoire du commerce et l'enseignement des langues vivantes.

Sur ce dernier point, les écoles commerciales ont encore à se développer; les unes ne possédaient pas de cours de langues vivantes; les autres laissaient professer l'anglais, l'allemand, l'espagnol d'après de fausses méthodes, qui consistent presque toujours soit à immoler la pratique à la théorie, soit à oublier toute théorie pour une pratique fort vague. Mais il faut reconnaître que, si elles n'ont pas résolu, quoi qu'elles en disent, les questions de méthodes (qui sont si délicates), elles ont accepté ou même sollicité l'enseignement des langues vivantes beaucoup plus franchement que ne l'a fait l'enseignement secondaire classique.

Pour terminer en ce qui touche l'enseignement commercial proprement dit de Mlle Luquin, disons que le Jury de 1878 a récompensé une seconde fois cette école et la directrice, qui demandait surtout que l'on reconnût la date et l'effet de son œuvre. « Le cours de comptabilité commerciale, sous le patronage de la Chambre de commerce de Lyon, écrivait-elle, revendique son droit d'aînesse et l'honneur d'avoir pris le premier, en 1857, l'initiative de la création de l'enseignement commercial pour les femmes, puisque pour elles il devient le moyen à l'aide duquel elles peuvent trouver une carrière honorable et lucrative, qui, en utilisant leurs connaissances, leur constitue une dot. En un mot, il est la vraie solution du problème posé de l'*amélioration du sort des femmes.* »

Dans tous les pays du monde, il s'est trouvé des femmes qui ont songé à l'éducation des femmes. Autrefois c'est dans un intérêt de propagande religieuse que travaillaient la plupart d'entre elles. Plus tard elles ont montré, avec leur foi et leur esprit de prosélytisme, de nouvelles visées : elles ont pensé à la destinée sociale de la femme autant qu'à sa destinée future. Telle fut cette Mary Lyon, regardée tour à tour comme une sainte, à cause de son austérité, et comme une fondatrice de sens pratique, à cause du jugement froid et sûr avec lequel elle a organisé en 1837, aux États-Unis, la maison célèbre sous le nom de *Mount Holyoke Seminary.* Sa maxime était d'élever selon l'Évangile (*by the spirit of Gospel*) des jeunes filles dans le culte des sciences et des lettres, en leur rappelant qu'elles devaient s'employer à tous les travaux, même désagréables de la vie domestique. En effet, le règlement dispose leurs occupations en trois parts : l'enseignement religieux; l'enseignement intellectuel, qui comprend aujourd'hui l'étude de la civilisation ancienne par le grec et le latin, et l'étude de la civilisation moderne par la connaissance du français et de l'allemand; l'enseignement domestique, qui consiste à faire faire aux élèves leur lit, leur chambre et l'essentiel du service intérieur d'une famille.

Je retrouve encore les études antiques mêlées aux études modernes dans deux autres établissements américains, fort beaux tous deux, le *Vassar College* et le *Wellesley College.* Que vaut exactement ce système? Quel résultat donne-t-il? Que gardent les jeunes filles de ce triple enseignement? Nous l'ignorons. Mais il paraît réussir en Amérique, tandis qu'en Russie il semble n'avoir pas pu donner tous ses fruits.

En Russie, les *Gymnases* et les *Progymnases de filles* semblent avoir été créés d'un seul coup, de propos délibéré, et en vue d'un but pressant. En effet, ils devaient fournir à la Russie des maîtresses de travail, soit pour ses écoles, soit pour ses ateliers, et il est à croire que l'idée de former un personnel russe de moniteurs féminins a eu autant de part dans la fondation de ces gymnases que la pensée générale d'instruire les femmes. Les matières enseignées sont celles d'une école normale spécialement russe : langue russe, histoire de la Russie, géographie de la Russie, puis cours complémentaire « pour les personnes qui veulent acquérir le titre d'institutrice russe ». Jusque-là, tout est bien ; mais à côté de ce programme l'Exposition a apporté des devoirs de grec et de latin faits par les jeunes filles ; j'en ai quelques-uns sous les yeux qui valent ceux de nos élèves ; j'ai aussi la liste des filles qui ont suivi ce cours : elle va décroissant d'année en année. Il est résulté de ce fait et du désaccord qui existe entre le programme, daté de 1874, et les copies exposées en 1878, qu'on a pris pour des lycées de filles mal réussis un groupe d'écoles beaucoup plus modeste et plus pratique, qui a sa raison d'être tout indiquée.

A mesure que l'enseignement des femmes se développera et s'organisera, on sera amené à le subdiviser régulièrement. Déjà on peut y distinguer celui qui forme des institutrices (et elles sont plus nombreuses en Amérique que les instituteurs), celui qui forme des artisans féminins, celui qui prépare les jeunes filles à l'art industriel.

Sous ce dernier rapport, la France n'est pas en arrière des autres peuples. Il y a quatre-vingts ans, une de ces femmes qui possèdent le rare et merveilleux équilibre du jugement et du cœur se mit en tête de donner à ses trois filles une carrière, un talent pratique, la sécurité de l'avenir, la liberté morale. Elle s'appelait Mᵐᵉ Frère de Montizon. Elle parla de ses préoccupations avec deux peintres célèbres, Mᵐᵉ Guyard-Vincent et Mᵐᵉ Lebrun. « Voici une ressource et un talisman, lui dirent-elles : faites-leur peindre des étoffes, des papiers, des dentelles, des éventails, etc. » De là naquit l'idée de fonder une école gratuite de dessin pour les filles, comme il en existait une depuis 1766, fondée par M. Bachelier pour les garçons.

On intéressa tout le monde au projet, et notamment Fanny Beauharnais ; l'école se fonda. En 1803, le maire du XIᵉ arrondissement venait solennellement prononcer un discours ému en l'honneur de cet atelier populaire des beaux-arts. Plus tard, Rosa

Bonheur elle-même dirigeait la maison. Aujourd'hui c'est Mlle de
Marandon qui est chargée non seulement de cette direction élevée,
mais encore d'une tâche délicate : il s'agit de faciliter l'évolution
que les méthodes ont subie dans l'enseignement des arts du dessin. Cette évolution se formule en quelques mots. Aujourd'hui le
dessin abandonne en partie le modèle graphique pour le modèle
plastique, le signe pour la chose, le convenu pour la nature. Le
modelage, récemment introduit dans les programmes, devient
une des formes de cette pensée qui substitue la vérité anatomique
aux effets extérieurs. Travaillant sur ce principe, l'école de Mlle de
Marandon a obtenu à l'Exposition un succès incontesté.

Les pouvoirs publics ne sont pas étrangers à ce développement des
écoles de femmes, puisque dans des séances solennelles ils ont af-
firmé leur appui, par la bouche même du directeur des beaux-arts.

Dans un autre sens, le Ministère du commerce a eu souvent à
s'occuper de l'éducation des filles. Son action, ici encore, s'est
formulée dans le rapport du général Morin, et il importe de classer
dans cette rapide revue, à leur rang historique, les conclusions du
rapport. Les voici :

« *Instruction technique des jeunes filles.* — Si la question de l'apprentissage des garçons a une grande importance pour les progrès de
l'industrie, celui des jeunes filles n'en a pas moins pour quelques
branches particulières de la production, et elle en a encore plus
au point de vue de l'aisance et de la moralisation de la famille.

« Pour le montrer, il suffirait de citer la déplorable condition
d'un grand nombre de femmes d'un des départements les plus
riches et les plus industrieux de la France, celui du Nord : absor-
bées dès leur enfance par le travail des fabriques, elles n'ont la
plupart reçu aucune instruction primaire, et n'ont pas même appris à manier une aiguille, de sorte qu'elles sont incapables d'entretenir leurs propres hardes et les vêtements de leur mari et de
leurs enfants.

« Quels avantages moraux et économiques ne résulte-t-il pas
cependant pour un ménage pauvre de l'habileté et de l'ordre que
la mère de famille peut apporter dans ces soins journaliers?

« Mais en dehors de ces considérations, qui ont bien leur importance, il ne faut pas perdre de vue que l'industrie du vêtement, à laquelle on a fait une si large part dans les dernières expositions universelles, a pris, depuis un certain nombre d'années, un développement considérable qui l'a complètement transformée, et a fait, d'une production en quelque sorte simplement domestique, un objet d'exportation d'une grande importance industrielle.

« L'organisation nouvelle que lui a donnée ce que l'on nomme *la confection en grand*, et surtout l'introduction des machines à coudre, ont amené dans le prix des vêtements un abaissement qui, dans certaines proportions, compense, en partie du moins, l'augmentation de celui des denrées alimentaires, et permet à l'ouvrier de se procurer à bon marché des vêtements chauds et de qualité convenable.

« S'il n'est pas parfaitement exact de dire avec un moraliste : « Au moyen de deux aunes de drap, je fais un honnête homme », il est cependant vrai que l'homme bien vêtu se respecte plus, se contient davantage dans ses écarts que celui qui est couvert de haillons.

« L'amélioration du vêtement et de tout ce qui contribue à en diminuer le prix est donc à la fois désirable au point de vue du bien-être matériel et de la moralisation, en même temps que sa production économique est une source de bénéfices industriels considérables.

« Sous ces rapports, l'organisation des ateliers d'apprentissage ouverts aux filles pour la couture sous toutes ses formes, et surtout la propagation des machines à coudre, nous semblent devoir être encouragées, tant au point de vue de la perfection des produits qu'à celui des avantages pécuniaires que les ouvrières peuvent en retirer. On sait, en effet, qu'à Paris, par exemple, telle femme qui, avec son aiguille, gagnait à peine 1 franc à 1 fr. 50 cent. par jour, peut, à l'aide de la machine à coudre, voir son gain s'élever à 5 francs, à 6 francs et même plus.

« Si l'abus qu'on peut faire de ces ingénieux outils présente pour quelques personnes des inconvénients, la rapidité de leur travail permet d'obtenir plus vite plus de produits, et laisse pour les autres occupations de la femme plus de temps disponible.

« Outre la couture, il est beaucoup d'autres industries délicates auxquelles la femme paraît plus spécialement apte.

« Divers genres de dessin sur pierre, sur bois ; la peinture décorative sur porcelaine, sur émail ; la gravure, etc., permettent à la jeune fille de travailler sous les yeux de sa mère, et à celle-ci de s'occuper de ses enfants.

« Les écoles d'apprentissage, où l'on enseigne l'application du dessin à ces arts industriels, sont donc aussi du nombre de celles qui peuvent être encouragées.

« Il n'est pas hors de propos d'ajouter que l'utilité des écoles professionnelles destinées aux jeunes filles est aujourd'hui tellement reconnue, qu'un nombre déjà notable des établissements de simple charité, connus sous le nom d'orphelinats, se transforment en ateliers d'apprentissage.

« Il est bon de les encourager dans cette transformation. Nous laissons ici, et à dessein, de côté ce qui se rapporterait à l'enseignement commercial des femmes, cette question étant réservée, comme pour les hommes, à une autre sous-commission. »

A l'Exposition, les travaux de femmes se présentaient, pour ainsi dire, par le menu et par le détail ; d'une autre part, il n'était pas possible de les apprécier d'une façon rapide, ni surtout d'apporter dans ce jugement un *criterium* uniforme. Telles œuvres étaient des travaux d'art, telles autres des tâches d'élèves, d'autres encore des œuvres d'institutrices ; un grand nombre paraissaient tout simplement des marchandises exécutées sur commandes par des ouvrières habiles. Dentelles, broderies, fleurs, peintures sur étoffe, costumes, albums d'échantillons, etc., tout cela fut un moment écarté, comme objets de commerce ou travail de parade. Tandis que, par la force des choses, les travaux de couture passent insensiblement de l'essai enfantin à la production sérieuse, des tâtonnements de l'école au travail sûr de l'atelier, de la leçon élémentaire à l'exécution et à l'application utiles ou lucratives, on prétendit établir une infranchissable barrière entre l'école ou l'atelier, cela au nom des programmes et de la loi. On proposa de rejeter en bloc, et les œuvres de nos écoles qui dépassaient le niveau des débutantes, et les travaux déjà industriels des jeunes filles, et les reproductions de costumes que l'on avait demandées à ces jeunes filles. En effet, on aurait voulu infliger le même sort à la collection française de nos vieux costumes provinciaux, dont une partie a été exécutée avec un grand bonheur par nos écoles. Chose étrange ! le même jour où l'on applaudissait à la décision de l'*Union centrale des beaux-arts*, qui veut faire reproduire les costumes, on rejetait, avec un mépris très sincère, les *poupées* habillées par nos institutrices. Il y eut là une méprise d'un moment.

Des institutrices ne doivent pas faire de poupées, disait-on, le règlement à la main. Des élèves encore moins. Là-dessus un raisonnement irréfragable se développait, et ce raisonnement n'était pas la raison. En effet, vouloir que les filles apprennent la couture et, une fois qu'elles la savent, condamner l'usage qu'elles en font au delà de l'école primaire, c'était une bizarrerie qui ne pouvait se justifier qu'en enfermant tout le monde, élèves et juges, dans les cadres de l'instruction primaire. Aucun des conflits qui se sont produits à l'Exposition ne trahit mieux la confusion actuelle qui règne dans les questions d'enseignement pratique. Il se trouva que des écoles tout à fait remarquables allaient être victimes de leur perfection. On déclarait, si l'on s'en tenait aux programmes, que les enfants ne devaient, ne pouvaient pas exécuter le moindre ouvrage bien fait avant tel ou tel âge. Le Ministre de l'instruction publique [1], que le hasard amena sur le champ de bataille, voulut consulter une mère de famille qui, elle aussi, assistait par hasard à la discussion. Celle-ci, qui admirait la progression des travaux à mesure qu'on déballait les caisses d'envois, et qui ne tenait aucun compte de nos questions de limites, fut un peu surprise de la naïveté de nos usages; elle déclara, ce que l'expérience de tous les jours démontre surabondamment, que, dans un milieu tranquille et laborieux, une enfant contracte sans effort la prompte habitude des travaux d'aiguille, et, si elle est un peu douée,

[1] M. Bardoux.

avance beaucoup plus vite que ne le supposent les programmes. Elle ajouta que les travaux d'ordre supérieur qu'on lui montrait étaient des œuvres relativement originales, et que les jeunes filles qui les avaient ingénieusement composées y avaient mis trop de soin, trop de délicatesse inventive, pour être considérées comme des ouvrières copiant d'une manière machinale un modèle du commerce.

Le Ministre, frappé de voir le rapide développement qu'avait pris ce dernier travail des femmes, pensa qu'on devait l'admettre et l'apprécier comme une branche de l'enseignement secondaire, et qu'en outre, pour juger de ce que peut faire une jeune fille, il est utile d'adjoindre à l'institutrice qui connaît bien l'école la mère qui connaît bien la famille. Il n'hésita pas à prier Mme Bardoux et Mme Émile Chasles (qui venait de répondre ce qu'on a lu plus haut) de juger ce travail si intéressant des femmes de tout pays, et d'ajouter leur opinion à celle des juges de profession, des institutrices. Mme Barbier, que son expérience, la sûreté de son jugement et ses actives recherches avaient désignée comme expert, voulut bien résumer en des notes simples et courtes les sentiments de chacun. Son rapport intéresse si directement les exposantes que nous dérogerons à notre habitude, en le donnant ici et en suivant pas à pas chaque vitrine.

RAPPORT SUR LES TRAVAUX SPÉCIAUX AUX JEUNES FILLES.
(SECTION ÉTRANGÈRE.)

A l'étranger comme en France, les travaux en couture des écoles de jeunes filles se sont développés.

Déjà, en 1867, quelques établissements avaient envoyé des spécimens intéressants; ils étaient plus nombreux à Vienne, mais ils ne présentaient pas comme aujourd'hui un ensemble complet, aussi varié, de nature à montrer quels sont et les préoccupations des gouvernements pour l'éducation de la mère de famille et le zèle des maîtresses qui les secondent.

Partout on augmente le nombre d'heures affectées à la couture. L'enseignement spécial à la femme ne s'est plus borné aux raccommodages; on y a introduit la confection du linge neuf, des robes, la coupe des vêtements. Les ouvrages de broderie, crochet, tricot, délassent les élèves de travaux plus sérieux. Le progrès en ces matières a été considérable et l'exposition si intéressante des écoles de jeunes filles l'atteste.

Appelée à l'honneur de visiter et de comparer les travaux des écoles de jeunes filles, nous venons vous rendre compte de notre sérieux examen de ce genre de produits dans les pays étrangers.

Nous ferons observer tout d'abord qu'à l'étranger les classes 6 et 7 ne correspondent pas toujours aux classes 6 et 7 de la section française; cette différence dans la classification tient sans doute à la nature des écoles et au mode d'enseignement qui y est donné.

Nous avons cru devoir faire une distinction entre les travaux d'enfants, les travaux des jeunes filles et ceux des maîtresses; nous les avons appréciés en tenant compte de l'âge de leurs auteurs afin que notre jugement fût toujours équitable.

Suède. — En Suède, l'exposition des écoles est des plus modestes sous le rapport de la couture. Nous n'avons guère à mentionner que l'École professionnelle de Naas, qui a envoyé des vêtements confectionnés, des tricots, du linge orné par un point de marque : le tout est d'un travail fort ordinaire.

Danemark. — En Danemark, le travail des écoles primaires est largement représenté; les objets en linge confectionné et les tricots méritent surtout des éloges.

Les aveugles de Copenhague ont envoyé de ces derniers ouvrages qui sont très soignés.

Russie. — Une école normale de la Finlande a envoyé un album contenant des objets de couture; nous devons faire remarquer ici ce fait particulier que les jeunes filles filent elles-mêmes la laine qui sert à la confection de leurs tricots.

On trouve encore dans cette exposition des filets et d'autres ouvrages assez soignés; mais ils sont d'une importance moindre que les premiers.

Une école primaire communale nous montre de bons albums; il y a là aussi des vêtements d'enfants dont le cachet d'originalité consiste surtout dans les broderies du pays qui en forment les ornements.

Les sourdes-muettes de Varsovie sont honorablement représentées par des travaux de broderie.

Pays-Bas. — Nous ne trouvons ici qu'un seul envoi, — il est d'Amsterdam, — et les objets qui nous passent sous les yeux non seulement sont en très petite quantité, mais n'offrent que fort peu d'intérêt; il y a là quelques ouvrages de couture, des tricots de laine et des objets faits au crochet.

Luxembourg. — L'exposition en couture du Luxembourg est bien restreinte, les ouvrages au crochet y dominent. On y voit encore quelques spécimens de linge confectionné et des échantillons de reprises provenant de différentes écoles.

Le tout, sans être d'une exécution parfaite, est cependant proprement fait et assez bien présenté.

Belgique. — Les travaux spéciaux aux jeunes filles dans les écoles de Belgique offrent un ensemble remarquable, soit par leur bonne exécution, soit par le soin avec lequel ils sont présentés dans les albums qui les renferment. Cette exposition est très importante et bien organisée.

Nous avons remarqué des essais de dentelle qui méritent de grands éloges et, dans un album de Flobec, nous avons admiré un éventail parfait, surtout si l'on considère qu'il provient d'une école communale.

L'École de Lierre (province d'Anvers) a envoyé différents travaux d'élèves; ils sont, quant aux dentelles, non moins remarquables que ceux de Flobec.

L'École normale de Liège (n° 22), fondée depuis deux ans seulement, nous montre de jolis travaux très soignés; tous les objets de lingerie y sont fort coquettement mis en valeur par des dentelles au crochet d'une grande finesse.

Les écoles normales privées d'Arlon, de Pesches, de Tongres, d'Hérenthals, de Nivelles, etc., exposent des travaux moins considérables. Dans ces établissements, la couture ne semble être qu'un accessoire et non une des parties principales de l'instruction donnée aux jeunes filles.

Sous le titre d'écoles ménagères, M. le prince de Caraman-Chimay nous montre un spécimen d'établissements où les élèves font elles-mêmes le pain, s'occupent de la cuisine et confectionnent des vêtements. Ces écoles, déjà répandues en Belgique, sont en faveur; les résultats obtenus sont précieux et très bien appréciés dans les ménages d'ouvriers : elles devront tendre à s'augmenter encore.

Dans une école de la Flandre occidentale (Soweghem), nous remarquons un mouchoir brodé d'un travail exceptionnel, comme richesse et perfection.

Les écoles des sourdes-muettes et des aveugles sont en très bonne situation et les travaux des pauvres jeunes filles admises dans ces établissements méritent d'être signalés.

L'École professionnelle de Bruxelles (n° 24), rue du Marais, mérite qu'on s'y arrête; l'ensemble de son exposition est aussi remarquable par la variété des objets qu'elle présente que par leur qualité; tous ces travaux sont aussi bons qu'on peut les attendre de jeunes filles fréquentant ce genre d'établissement, d'où les élèves doivent sortir ouvrières accomplies, et en état de subvenir à leurs besoins par l'exercice d'une profession. Il faut citer des travaux en couture, une robe confectionnée, des fleurs, des spécimens de peinture dont l'exécution est très bonne, et enfin mentionner particulièrement de très riches broderies en or, sur tulle et sur velours.

Suisse. — En Suisse, l'instruction manuelle des jeunes filles des écoles primaires comprend trois degrés correspondant à leur âge : de 8 à 10 ans, études des éléments de la couture et du tricot; de 10 à 12 ans, la couture proprement dite; de 12 à 16 ans, le perfectionnement de la couture par tout ce qui s'y rattache, et divers travaux.

La Suisse n'a envoyé qu'un seul album, il est de Saint-Gall; les ouvrages y sont faits avec soin et bien présentés; mais ils ont peu d'importance et nous ne pouvons que regretter l'abstention des autres cantons et constater que la Suisse a peu fait pour cette partie de son exposition.

Autriche. — Presque tous les travaux à l'aiguille exposés par l'Autriche devraient être rangés dans la classe 7, puisqu'ils sont exécutés généralement par des maîtresses ou des jeunes filles appartenant à des établissements dans lesquels sont formées des institutrices et qu'en France nous appellerions des écoles normales.

C'est ainsi que, dans une vitrine de Trieste, nous voyons, sous les n° 5, 24 et 46, des spécimens de tous les points de couture et des genres différents de travaux au crochet ainsi que des échantillons de reprises. Tous ces ouvrages sont dignes d'attention et méritent des éloges.

Nous pouvons signaler à l'attention du Jury un cadre contenant différents modèles de dentelle-guipure faits à la main; ils sont inscrits sous le n° 14. Ces travaux sont envoyés par une société qui compte déjà plusieurs écoles professionnelles.

Des directrices d'une école de jeunes filles ont envoyé de très belles broderies exécutées par elles sur étoffe de soie.

Sous le n° 3, nous voyons de bons ouvrages en tricot provenant d'une institution d'aveugles de Galicie.

Hongrie. — La Hongrie, quant aux travaux des écoles de jeunes filles, se trouve bien et largement représentée.

De Budapest nous viennent d'abord des broderies, des confections et des tricots faits par des enfants de 10 à 14 ans. Puis, de la même ville, nous examinons avec un réel intérêt des feuilles détachées qui, vraisemblablement, doivent être réunies en album. Ces feuilles renferment aussi complètement que possible les différents ouvrages que peuvent exécuter les jeunes filles; il y a là un ensemble charmant. Cette exposition présente cela de particulier que les modèles de vêtements exécutés par les plus grandes élèves doivent servir à leur tour de modèles aux plus jeunes. Ces enfants sont en outre exercées à des ouvrages qu'on ne rencontre généralement pas dans les écoles de filles, tels que corbeilles tressées soit en jonc, soit en paille. Elles vont même jusqu'à canner et rempailler les chaises. Cette variété de travaux offre un ensemble très intéressant.

Une école supérieure nous montre un album du même genre que les feuilles précédentes; il est fait d'une manière intelligente et très méthodiquement classé.

Après la couture usuelle viennent les patrons en grand nombre, puis de très belles broderies sur étoffe et sur tulle, enfin des modèles de robes d'enfants et de femmes. On trouve là un véritable enseignement pratique.

Le VI° arrondissement a tenu à montrer avec le travail de ses enfants la valeur de ses élèves-institutrices et ces dernières ont dans les vitrines des travaux qui leur font honneur.

Dans le II° arrondissement de la même ville, nous devons signaler une école non entretenue par l'État et qui présente des résultats aussi intéressants que ceux que nous avons constatés plus haut.

A Rimazzombat, une école *élémentaire supérieure*, — c'est ainsi qu'on nous l'a désignée, — a envoyé des travaux aussi bien présentés que bien exécutés.

Les enfants idiots se présentent ici avec des travaux en bois découpé et des joncs tressés; nous nous garderons de les oublier; s'ils sont assez disgraciés pour ne pas comprendre la valeur d'un éloge, nous espérons que leurs professeurs n'y sont pas insensibles et qu'ils seront heureux de voir apprécier leurs soins envers ces pauvres enfants.

Tous les ouvrages présentés par la Hongrie nous prouvent une sollicitude marquée pour l'éducation professionnelle de la jeune fille.

GRÈCE. — Nous nous trouvons, en Grèce, en présence d'un système d'éducation différent de celui des autres pays.

A Athènes, il y a des maisons d'éducation où sont reçues des élèves de toutes conditions: riches et pauvres. Les premières y sont admises en payant, les autres au moyen de bourses données par l'État. L'instruction y est très étendue, sans cependant que la couture et les autres travaux spéciaux à la femme y soient négligés.

Il y a encore à Athènes des maisons, sortes d'écoles industrielles entretenues par des dames riches et dans lesquelles on s'occupe spécialement des travaux à l'aiguille, du tissage des étoffes, et où l'on commande des ouvrages que les jeunes filles moins aisées confectionnent chez elles.

A Corfou, on a ouvert une succursale de ces derniers établissements.

L'exposition de la Grèce est très satisfaisante et les travaux qu'elle présente méritent des éloges.

ITALIE. — Fidèle à ses traditions, l'Italie nous envoie une exposition scolaire de jeunes filles qui renferme de fort belles choses.

Plusieurs établissements dont les localités ne sont pas désignées et qui semblent former une exposition collective ont envoyé des albums assez soignés.

A Milan, des broderies très remarquables proviennent d'une école dirigée par Mme Macandi; il y en a encore de jolies, envoyées par d'autres écoles de la même ville.

Toujours à Milan, une école normale a fourni un contingent non moins remarquable des mêmes ouvrages, ainsi que le travail élémentoire de ses élèves, et une école professionnelle nous montre des fleurs et des peintures sur étoffe dignes d'être remarquées.

Venise expose plusieurs modèles des points les plus usités en couture.

Une école dépendant du Ministère de l'instruction publique envoie des échantillons de reprises, de broderies, et un bouquet de fleurs en écailles de poissons; tous ces travaux sont d'une bonne exécution, mais manquent de goût.

L'hospice d'Aquila (Abruzzes) fait figurer d'assez jolies dentelles.

Enfin notons de nombreux et bons travaux des salles d'asile, consistant en crochet, filets et tresses en papier.

ESPAGNE. — Madrid est seul représenté dans l'exposition scolaire; nous ne voyons là que fort peu de travail de lingerie et quelques belles broderies.

L'établissement des sourdes-muettes nous montre des ouvrages de lingerie, de broderie, de crochet, qui n'ont rien de remarquable.

PORTUGAL. — Le Portugal ne semble être là que pour mémoire; ses essais de tissage et de paille tressée sont insignifiants.

JAPON. — Le Japon, qui, pour la première fois en France, prend part à une exposition scolaire, a envoyé un album sur lequel sont reproduits différents costumes d'hommes, de femmes et d'enfants, exécutés par les jeunes enfants du pays.

La méthode de Frœbel est suivie dans les salles d'asile : divers travaux viennent en témoigner.

ÉTATS-UNIS. — Les États-Unis, contre notre attente, ont une exposition très restreinte.

Une école publique de Boston a envoyé, dans des albums, un spécimen fort ordinaire de travaux à l'aiguille et au crochet.

Des objets confectionnés avec assez de soin sont exposés par la ville de Wintrop.

Enfin une école professionnelle à l'usage des négresses, et qui arrivera sans doute à de bons résultats, ne nous offre cette fois que des ouvrages insignifiants.

CANADA. — Au Canada, généralement, l'éducation des jeunes filles est confiée à des religieuses dont les établissements prennent le nom de couvents.

On nous montre deux albums intéressants, des vêtements confectionnés qui ne sont autres que le costume des enfants appartenant à l'institution où le travail s'est fait, des ouvrages divers parmi lesquels nous pouvons signaler des broderies sur or et sur soie.

De Sillery (faubourg de Québec) nous voyons de très bons albums qui proviennent d'un établissement scolaire où sont élevées les jeunes filles des grandes familles.

L'institution des jeunes aveugles de Montréal expose du tricot et des ouvrages en perles qui n'ont pas grande importance.

Égypte. — A Syoufish, se trouve un pensionnat (300 lits) entièrement entretenu par la princesse femme du Khédive; toutes les jeunes filles y sont admises sans distinction de position dans la société. Cet établissement a envoyé de bien jolis travaux faits par des enfants de 9 à 12 ans, et consistant comme toujours en broderies et crochet; mais on peut signaler particulièrement les broderies turques en soie sur gaze.

Toutes les branches de l'instruction sont également soignées.

Dans cet établissement on a admis, depuis l'affranchissement des esclaves, 50 jeunes filles que l'on initie au service domestique.

On voit aussi, parmi les envois de l'Égypte, de bons tricots faits par des aveugles.

Algérie. — L'ensemble des travaux de l'Algérie est satisfaisant.

Des albums en assez grand nombre renfermant des broderies en soie et coton sont convenablement organisés et présentés par Mme Prague (ouvroir musulman d'Alger).

A Alger, l'École communale de la place Randon a envoyé un album; l'institution Battarel, fréquentée par des jeunes filles de 10 à 16 ans, a fourni de bons travaux; les ouvrages provenant de chez Mme Huloch indiquent une bonne direction; Mlle Voisin, institutrice laïque, dont les élèves sont âgées de 16 à 18 ans, a présenté un joli album, et Mme Merz expose le travail d'enfants plus jeunes.

L'École de la rue Rolland-de-Bussy a produit de bonnes lingeries et des broderies d'or très satisfaisantes.

L'orphelinat de Bône a envoyé des lingeries confectionnées, des broderies sur filet et sur étoffes de soie, qui sont dignes d'éloges.

L'École de Philippeville n'a que des ouvrages bien ordinaires.

L'École communale de Tlemcen montre d'assez bons résultats, mais peu importants.

Enfin les bons albums de Mlles Barague et Haldric occupent une place honorable.

NOTES SUR LES TRAVAUX EN COUTURE ENVOYÉS À L'EXPOSITION DU MINISTÈRE DE L'INSTRUCTION PUBLIQUE FRANÇAIS.

Les objets en couture exposés par le Ministère de l'instruction publique ont passé plusieurs fois sous nos yeux et nous avons, plus que personne, été à même d'en apprécier la valeur et, dans certains cas, l'importance. Ici comme partout, il y a eu triple examen. Au moment des travaux du comité d'admission, nous avons dû examiner les objets un à un, pour ainsi dire, pour choisir ceux qui seraient jugés dignes de figurer dans les vitrines du Ministère; un second choix a été fait lorsqu'il a fallu procéder à l'installation et placer les ouvrages, selon leur mérite, plus ou moins en évidence; une troisième fois, comme expert du Jury des récompenses, nous avons dû rechercher les meilleurs parmi les bons et établir la nomenclature que nous transcrivons ci-après.

AISNE. — Les travaux à l'aiguille sont généralement bons, mais nous craignons qu'on n'ait une tendance, dans ce département, à négliger la couture pour le tricot et le filet.

Nous signalons, à Saint-Quentin, l'école de Mlle Bertaut : bons travaux de salle d'asile.

AIN. — Couture bien conçue, très pratique, mais dont l'exécution laisse encore à désirer (ouvroir communal de Bourg).

ALLIER. — Pensionnat subventionné de Cusset : bonne direction du travail.

ARDENNES. *Sedan.* — Sœurs de Sainte-Chrétienne : bonne coupe, bonne exécution.

ALPES-MARITIMES. — Lingerie faite avec soin.

ALGÉRIE. — Le travail de l'Algérie est en tous points semblable à celui de la mère patrie. Même direction dans les écoles communales.

Gr. II,
—
Cl. 7.

La couture, la lingerie, les raccommodages, y sont enseignés. Signalons l'École de Guelma, l'ouvroir communal de Philippeville. A Alger, l'ouvroir musulman et l'École de Mme Prague; puis l'École de Tlemcen.

CALVADOS. — Bonne couture, mais pas assez de dentelles; quelques essais seulement dans les écoles de campagne.

L'École de Landelles donne un spécimen curieux de coiffures normandes portées depuis le siècle dernier.

Les Sœurs de la Providence, à Bayeux, ont envoyé de magnifiques dentelles exécutées par les ouvrières et apprenties ayant de 1 à 14 ans d'apprentissage.

Il faut nommer, dans ce département, le pensionnat communal des Ursulines de Bayeux et le cours normal d'institutrices à Blon-sur-Oise.

CHARENTE. — Pensionnat de Mlle Bernac, à Jarnac : bonne couture usuelle, raccommodages, broderie, tapisserie. Exposition bien présentée.

CHARENTE-INFÉRIEURE. *Rochefort.* — Sœurs de Saint-Vincent-de-Paul : lingerie bien confectionnée, couture soignée.

CALVADOS. *Lisieux.* — Album de l'École congréganiste : couture et notions intéressantes sur le tissage.

CHARENTE-INFÉRIEURE. *Île d'Oleron.* — École normale du Château-d'Oleron : très bon album dénotant une bonne direction dans le travail.

CHER. — École communale d'Herry : travail consciencieux.

DOUBS. *La Rivière* (arrondissement de Pontarlier). — École communale de Mlle Bouveret : bonne lingerie, travail consciencieux.

EURE. *Bernay.* — École congréganiste des Filles de la Charité : travaux d'une exécution soignée.

Louviers. — Classe de Saint-Germain : bonne couture; confection satisfaisante.

Saint-Aubin-d'Écrosville. — École communale : album complet, indiquant une méthode sérieuse.

Gr. II.
—
Cl. 7.

Finistère. *Plobannalec.* — École laïque : bonnets du pays brodés sur drap, bonnet de mousseline brodé, chaussures en drap brodé.

Cantal. — Orphelinat de Saint-Flour : robe de baptême d'une jolie exécution.

Gard. *Nîmes.* — École protestante (Mlle Granet) : album de points de couture ; enseignement bien gradué, bonnes reprises et pièces très bien rapportées.

École laïque de Mme Rouquette : remaillages soigneusement exécutés, pièces très bien rapportées, confection.

Gironde. *Bordeaux.* — École communale de Saint-Bruno : robe de baptême bien exécutée et de bon goût.

École communale de Mlle Forestier : lingerie finement exécutée ; les objets sont présentés de grandeur naturelle.

Mlle Rambaud (École communale) : lingerie de bon goût, bien soignée et bien ornée.

École communale supérieure (Mlle Ruello) ; nous nous trouvons ici en face d'une exposition exceptionnelle ; deux albums, l'un de couture, l'autre de broderie sur toile et sur drap, dont l'exécution est des plus remarquables. La direction de Mlle Ruello révèle un sens parfait de l'éducation manuelle de la femme.

Haute-Garonne. *Toulouse.* — École de Saint-Cyprien : raccommodages de linge.

Isère. *Grenoble.* — École Saint-Apollinard : lingerie soignée, reprises.

École normale primaire de l'Isère : album renfermant de la lingerie et de bons raccommodages de linge.

Indre-et-Loire. — École communale de l'Isle-Bouchard (arrondissement de Chinon) : linge bien confectionné.

Loir-et-Cher. — École communale de Saint-Aignan : couture soignée, linge confectionné.

Loire-Inférieure. *Nantes.* — Mlle Laheurte : excellente et très sérieuse exposition ; poupées.

Mlle Provost : très bonne et très nombreuse exposition qui se recommande par la coupe et l'exécution des objets présentés.

Mlle Rousseau : lingerie bien confectionnée ; robe d'enfant gracieusement présentée.

Saint-Nazaire. — École communale des Sœurs de la Sagesse : album dénotant un enseignement bien gradué, qui montre d'abord les travaux des enfants de l'asile, puis ceux des élèves de l'école ; bon ensemble, mais plus réussi par la gradation que par l'exécution du travail.

MEURTHE-ET-MOSELLE. *Nancy.* — École supérieure : divers ouvrages de lingerie ; broderies sur tulle, dont l'exécution indique déjà une certaine habileté.

Baccarat. — École communale : travaux de lingerie brodée ; bonne exécution.

Cours normal d'institutrices de Nancy : bon album, linge, broderie, crochet et filet brodé ; bonne exécution.

MARNE. *Épernay.* — École de Sainte-Chrétienne : album bien présenté, belle lingerie, reprises bien faites.

HAUTE-MARNE. *Langres.* — Sœurs de la Providence : album excellent, qui renferme des spécimens de couture, de broderie et surtout des reprises bien exécutées.

NORD. — Il a été demandé une lettre de félicitations pour la ville de Roubaix, dont les albums présentés en collectivité d'écoles sont très remarquables.

Cambrai. — Mme Dupas. École communale : album des mieux compris ; il décrit d'abord les ustensiles servant à la couture ; il donne ensuite la théorie des principaux points employés, puis il les représente exécutés ; même procédé pour le tricot et la tapisserie.

École communale de filles : cette école nous donne surtout de bons patrons taillés, soit par l'institutrice, soit par les élèves.

Valenciennes. — École de Mme Caillole : enseignement bien gradué, bonne exécution.

Saint-Omer. — La Sainte-Union du Sacré-Cœur : spécimens de raccommodages, pièces bien mises.

Douai. — École des Dames de Fline : excellents raccommodages, mouchoirs brodés.

Haubourdin. — École communale des Sœurs de la Sagesse : album renfermant différents genres de raccommodages, de bon tricots, de la broderie.

Lille. — École de la rue Racine. Mlle Robert : album des plus intéressants qui, outre la couture usuelle, nous présente différents costumes (très bien exécutés) de militaires, de marins, de moines.

Grand album de la ville de Lille : les feuilles qui nous ont semblé offrir le plus d'intérêt sont dues à Mmes Bravet, Bocquillon, Wattelier, Lambert et Robert.

Basses-Pyrénées. *Bayonne.* — École communale des Filles du Saint-Esprit : bonne confection en lingerie.

Pas-de-Calais. *Saint-Pierre-lès-Calais.* — Lingerie soignée, robe de baptême.

Haut-Rhin. *Belfort.* — École communale : couture faite avec soin.

Seine. *Paris.* — IIe arrondissement, rue de la Jussienne : exposition très soignée.

École de la rue de la Lune. — Sœurs de la Motte-Piquet : objets confectionnés, lingerie, trousseau.

VIIe arrondissement. — Mme Mégret (rue Chomel) : travaux exécutés d'après la méthode Gaildraud pour la coupe des robes.

VIIIe arrondissement. — Mlle Hamel (rue du Faubourg-Saint-Honoré) : album renfermant différents points de couture.

IXe arrondissement. — Mlle Grandhomme : cours de coupe, assemblage.

Mme Farge (rue Milton) : différents objets de lingerie, bonne exécution.

XVe arrondissement. — Sœur Binet (rue Violet) : bonnes reprises; travaux pratiques.

XVIe arrondissement. — École congréganiste (rue Boissière) : lingerie bien taillée, bien exécutée.

XIXe arrondissement. — École communale (rue d'Allemagne) : objets de layette et robe d'enfant travaux bien confectionnés.

SEINE-ET-OISE. — École de Montmorency : lingerie dénotant de l'application; album soigné.

Versailles (rue de la Pompe) : bonne exposition, lingerie, broderie sur filet.

SEINE-ET-MARNE. — École laïque de Melun : lingerie, tricot, bonne direction.

Seine-Port. — École congréganiste : travaux nombreux et bien exécutés.

École communale de Mormant : costume complet pour enfant.

École normale de Juilly : lingerie de ménage d'une bonne exécution.

SEINE-INFÉRIEURE. *Rouen.* — École normale d'institutrices : spécimens de tous genres de confection, lingerie, robes, bons raccommodages.

École protestante : lingerie soignée.

HAUTE-SAÔNE. *Luxeuil.* — École des Sœurs de la Charité : modèles de belles broderies sur filet : industrie du pays qui mérite d'être encouragée.

Saint-Loup. — Sœurs de la Sagesse : belle guipure, costumes, tricot, broderies.

SAVOIE. *Chambéry.* — École communale des Sœurs de Saint-Joseph : ensemble des plus satisfaisants comme exécution et comme manière de présenter ce genre de travaux; lingerie, tricot, broderie, surjets pour rassembler tous les genres d'étoffes.

Pensionnat des Dames Marcelines : broderies remarquables sur linge et sur soie; exécution ne laissant rien à désirer.

VENDÉE. *La Roche-sur-Yon.* — École communale de filles (Mlle Dillon) : ensemble assez complet des points employés pour la confection du linge, de la flanelle et du tricot.

Cours normal d'institutrices (Mlle du Garreau) : bonne direction dans l'enseignement, faisant espérer de bonnes institutrices; album bien gradué, raccommodages, tricot, etc.

Gr. II.
—
Cl. 7.

Vosges. — École communale de Bains : lingerie, tricot, broderie, reprises; bonne exécution.

Bruyères. — École communale : album des mieux compris, enseignement des points usités en couture, compositions d'élèves sur différents genres de points; tricot, crochet, lingerie.

Yonne. *Auxerre.* — Mlle Ferrand : bons raccommodages; suite de patrons qui sont la démonstration de la théorie employée pour l'exécution des travaux.

Sens. — École communale de Mlle Moncourt : album indiquant une bonne direction dans le travail et témoignage du soin apporté par la maîtresse à son enseignement.

Le rapport qu'on vient de lire, et que nous abrégeons un peu, indique le mouvement général des travaux dans nos écoles. Il faudrait, pour être juste, parler des *costumes* envoyés sous forme de poupées. Quelques-uns étaient admirablement compris. L'ouest de la France, avec la délicate variété de coiffures, apparaissait là tout entier. Il est absolument regrettable que des divergences d'opinion nous aient empêché de réunir et de garder, à cette occasion, la collection totale de nos costumes nationaux.

ARTS. — DESSIN. — MUSIQUE.

Nous ne devrions pas nous occuper ici d'une manière spéciale du dessin, qui n'appartient pas exclusivement à notre classe, dont la place est partout et qui, par ses méthodes élémentaires, se rattache à l'enseignement primaire, tandis qu'il se rattache comme art à l'enseignement supérieur. En outre, la matière est si développée aujourd'hui, que l'on ne peut entrer dans l'examen d'une œuvre et d'une école sans s'exposer à l'alternative, ou de faire tort à ceux dont on ne parle pas, ou de passer en revue un monde immense de produits, venu de tous les pays, de toutes les écoles, de toutes les industries.

Néanmoins, la répartition qui a été faite des objets exposés nous attribuant le jugement de beaucoup de travaux récents, nous sommes forcés de présenter ici une idée incomplète de ce travail universel : il faut d'ailleurs marquer le rapport qui existe entre l'enseignement du dessin et l'enseignement secondaire. Ce rapport, il a été indiqué au point de vue purement pédagogique par quelques gouvernements, qui veulent que l'on se préoccupe, dans les lycées, athénées ou instituts, d'associer, par exemple, l'étude de la géométrie à celle du dessin. Il est indiqué, en outre, d'une manière autrement grave, quoique beaucoup moins scientifique, par le rôle que joue le dessin dans la *Realschule.* Partout où l'enseignement dit *réel* vient se dresser en face ou à côté de l'enseignement classique, il apporte avec lui un programme composé de trois parties : dessin, sciences appliquées, langues vivantes.

A l'Exposition, le dessin s'est trouvé représenter une des formes les plus vives de la lutte qui modifie l'enseignement secondaire dans tous les pays du monde. Il s'est jeté naturellement du côté de l'instruction technique, et il arrive fort de la situation qu'il s'est faite dans les précédentes expositions, enhardi par ses succès et son développement, et soutenu d'ailleurs par l'opinion qui, depuis vingt ans, se dessine de plus en plus en sa faveur.

Un mot d'histoire expliquera mieux les tendances et les caractères des systèmes présentés en 1878 que l'examen successif de tous les portefeuilles. Depuis des années, les publicistes ont tout fait pour mettre en lumière cette vérité économique que non seulement les études supérieures ont besoin du dessin, mais qu'il faut l'enseigner à tous, comme une écriture indispensable à tous. Associations, concours, livres, journaux, tous les moyens de publicité ont été mis en usage pour répandre une conviction qui devait être un agent précieux de production nationale; et en effet tout le monde aujourd'hui est convaincu. Au lieu de considérer les études de dessin comme de pures études d'art destinées à une élite, on en fait la base même des études professionnelles. On affirme que le dessin n'est pas réservé à l'artiste, au peintre, au sculpteur, à l'architecte, mais qu'il est un instrument de travail pour toutes les industries, depuis celle du maçon jusqu'à celle du bijoutier. On reconnaît universellement que s'il dresse l'œil et la main de l'ouvrier, il peut aussi, en faisant l'éducation du goût, créer ces artisans artistes qui à leur tour assurent la prééminence industrielle et commerciale à leur pays. Ces vérités une fois admises, répandues, devenues populaires, un mouvement nouveau s'est produit en tous pays pour constituer solidement un enseignement sérieux du dessin.

On a commencé par une révolution: on a proscrit à jamais le dessin de parade et de pensionnat, les petites œuvres sans objet et sans règle, exécutées comme travaux d'agrément par des écoliers et des écolières sans but. Ensuite, on a engagé la bataille sur les questions de méthodes, de modèles et d'appropriation graduée, de spécialisation industrielle, etc. C'est l'industrie qui a donné le branle en Autriche, en Angleterre, en France. Des rapports comme ceux du général Morin, de la Chambre de commerce de Vienne ou des fondateurs de musées à Londres ont précisé la nécessité absolue d'assurer l'avenir industriel d'un pays en assurant l'enseignement du dessin dans les écoles. C'est alors que des propositions et des théories militantes se sont produites dans le monde de l'art, dans le monde industriel, dans le monde des écoles, et sont venues se heurter sur le champ de bataille des expositions.

En 1878, elles se sont toutes rattachées, bon gré mal gré, à la question du moment, c'est-à-dire à la concurrence établie entre l'enseignement technique et l'instruction générale ou spéculative.

Quelque nombreuses que soient les méthodes proposées par les artistes, les industriels ou les professeurs, chacune d'elles est dominée par un de ces deux principes : ou bien on veut enseigner avant tout la partie scientifique du dessin, ou bien on veut en enseigner la partie esthétique, et presque toujours une école demande la mort de l'autre. En effet, leur but est différent : il est naturel que leur méthode soit opposée. Celui qui, songeant à l'art industriel, s'adresse à un auditoire nombreux, à une foule, à des enfants ou à des adultes dont on ne sait pas les aptitudes et dont il faut faire des hommes pratiques, celui-là veut que l'on sache ce qu'il faut savoir en dessinant; il tient la main à ce que l'on étudie la réalité et les conditions positives de ce qui est. Celui, au contraire, qui, ne pensant qu'à l'art pur, s'efforce d'élever vers cet idéal des intelligences qu'il conçoit ou désire bien douées, celui-là est tenté de jeter du premier coup ses élèves en face des chefs-d'œuvre. Il professe d'ailleurs quelque dédain pour les procédés scolaires; il se persuade que le sentiment et l'amour du beau suffiront pour donner au coup d'œil et à la main une justesse spontanée. Il ne voit que le beau et l'art, tandis que le chef d'enseignement professionnel s'arrête obstinément à la condition inévitable du beau, c'est-à-dire à la sévérité du vrai.

Nous avons vu se produire à l'Exposition les deux systèmes, l'un et l'autre représentés avec autant d'éloquence que de conviction; et ce ne sera pas un des moindres résultats de ce tournoi pacifique, que d'avoir mûri par la discussion libre une question devenue très importante dans la vie économique comme dans la vie morale des peuples.

Le Jury a marqué son opinion en donnant, en tête de sa liste des récompenses, deux diplômes d'honneur aux deux écoles qui personnifient pour ainsi dire le progrès de l'enseignement professionnel du dessin : l'une est l'*École nationale des arts décoratifs*, dirigée par M. de Lajolais, l'autre est l'*École nationale de dessin pour les jeunes filles*, dirigée par Mlle de Marandon.

Nous ne saurions mieux faire, en parlant de l'École nationale

des arts décoratifs, que de rappeler les paroles mêmes de M. le
marquis de Chennevières, directeur des beaux-arts, caractérisant
le mérite de la direction imprimée aux études, direction pratique.

En présentant le successeur de M. Laurent Jan qui venait de
mourir et qui avait toujours eu pour l'école une affection jalouse,
mêlée de vivacités misanthropiques, il disait : « Cet amour de votre
école, dont nous parlions tout à l'heure, vous le retrouverez plus
ardent, plus passionné (car décidément il n'est point dans la destinée de votre école d'avoir des directeurs flegmatiques) dans un
homme que vous connaissez tous déjà par les services qu'il vous a
rendus dans les concours, provoqués et organisés par lui, de
l'Union centrale des arts, M. Louvrier de Lajolais, que M. le Ministre vient de nommer votre directeur... désigné pour cette
fonction par ses études spéciales de toutes les questions qui se rapportent à l'enseignement de l'art décoratif. Il a pour ces questions
représenté la France au congrès de Bruxelles, présidé le congrès
de Paris en 1869. Mieux qu'aucun de nous au courant de ce qui
se pratique dans les écoles de l'étranger, il connaît les systèmes
usités dans les écoles de Paris et de nos provinces; il sait ce que,
pour l'école modèle qui est la vôtre, il faut prendre de ces systèmes
et ce qu'il faut en laisser... Mais surtout personne n'est mieux
pénétré que lui de la nécessité de ramener fidèlement et textuellement l'école aux principes et au but de son fondateur, de maintenir,
en un mot, votre tradition originale. Enfin, Messieurs, ses relations
continuelles, comme président de la Commission consultative de
l'Union centrale, avec les chefs les plus considérables de l'industrie
parisienne, lui rendront facile un rôle qui n'appartient qu'à lui,
celui de trouver pour chacun de vous, au sortir de l'école, la place
à laquelle vous destinent le mieux et vos aptitudes personnelles et
vos récompenses acquises. »

Ces derniers mots indiquent, avec une discrétion volontaire, et
la *tradition* de l'école, qui est de former d'utiles ouvriers plutôt que
des artistes, et la volonté de la maintenir contre l'amour-propre
naturel de beaucoup de jeunes gens qui rêveraient la gloire de
Rembrandt, aussi bien que contre l'influence des purs artistes qui
détourneraient l'école de sa voie en l'arrachant à l'industrie.

Même caractère, même but, même préoccupation de se maintenir dans la ligne tracée de l'art industriel, chez les élèves de Mlle de Marandon. Nous avons visité avec un extrême intérêt cette école, dont il sera parlé plus loin. Ici, disons le trait qui nous a le plus frappés dans la direction générale des cours, c'est le mélange réfléchi des études sévères, précises, positives, et de la composition libre. De même que dans l'esprit humain, le travail utile de l'imagination doit venir après l'étude des réalités (car ce qui est réellement beau, c'est l'assemblage inspiré des choses qui ont été auparavant déposées dans l'esprit par l'observation attentive et pénétrante); de même, dans les exercices d'une école de dessin, la composition la plus indépendante doit succéder aux études les plus scrupuleuses de la chose vue et du détail observé. Peut-être exagérons-nous un peu ici l'emploi réel qui est fait de la composition dans les écoles, mais nous n'en exagérons pas l'utilité.

Quoi qu'il en soit, le membre du Jury spécialement chargé de visiter l'École des arts décoratifs a résumé, sur le système suivi en général, l'opinion des étrangers qui visitaient la France. Il a déclaré que cette institution, qui depuis longtemps produit d'excellents élèves et qui a exercé une heureuse influence sur le développement des industries de luxe de la capitale, est en voie de progrès; que les travaux exposés indiquent une excellente direction des études et l'emploi des méthodes les plus intelligentes et les plus avancées.

L'honorable M. Alvin [1], qui faisait cette déclaration, avait d'autant plus de mérite à la faire qu'il représentait parmi nous un pays très haut placé dans l'ordre des expositions de dessin, la Belgique. Non seulement la Belgique possède l'École d'architecture, de dessin, de modelage et de peinture de Molenbeek-Saint-Jean-lès-Bruxelles et l'École normale des arts et du dessin de Saint-Josse-ten-Noode-lès-Bruxelles qui ont obtenu l'une et l'autre la médaille d'or, mais encore elle est le foyer d'un véritable progrès dans l'ordre qui nous occupe. C'est à Bruxelles qu'a eu lieu le con-

---

[1] M. Alvin est l'auteur d'un ouvrage important intitulé : *Entretiens sur les méthodes d'enseignement du dessin;* Bruxelles, 1866.

grès dans lequel on a discuté les doctrines les plus nouvelles sur la question de l'enseignement primaire et secondaire des arts.

En 1868 fut convoqué à Bruxelles le congrès international dont l'objet déclaré était la discussion sur l'enseignement des arts du dessin et la recherche des meilleures méthodes à introduire dans les écoles. A la suite de ces délibérations, on décida que l'on demanderait aux gouvernements, comme une chose d'une nécessité imminente, la « réorganisation radicale de l'enseignement élémentaire des beaux-arts, par la substitution aux méthodes routinières en vigueur d'un mode uniforme et rationnel d'enseigner, basé sur les principes scientifiques qui sont l'essence même de l'art ». De là : « utilité de supprimer le modèle-estampe ; nécessité de fonder les premières études du dessin sur les notions élémentaires de la géométrie ; condamnation du principe qui fait commencer l'étude de l'art par la reproduction servile et textuelle d'un modèle graphique. » Telles furent les conclusions de l'assemblée, conformes d'ailleurs à l'esprit qui a dicté celles du congrès de Paris en 1876. Il résultait de ces conclusions que l'on placerait l'élève dès le début devant les modèles géométriques constituant l'alphabet des formes.

Nous rappelons ces faits parce qu'ils éclairent la marche suivie depuis dix années et parce qu'ils expliquent ce qui se passe soit dans les écoles, soit dans les ateliers, soit dans les associations industrielles. On a pris pour *criterium* la doctrine, vraie dans son principe, absolue dans son expression, qui vient d'être énoncée. Nous verrons plus loin les restrictions qu'y apportent ceux qui ne pensent pas de même. Mais, en supposant que l'application de cette doctrine soit excessive, il faut reconnaître qu'elle a été un véritable ferment de progrès dans tous les centres où l'on s'occupe des arts du dessin. Elle a agité les esprits, fait réfléchir les professeurs et les fabricants, dans les écoles académiques, professionnelles, industrielles, dont les plus importantes figurent dans notre liste des récompenses. Nous sommes obligés de renvoyer à cette liste, nous bornant à faire remarquer que, par exemple, à Limoges, où il y a deux écoles d'art industriel, l'une des deux reste en arrière de l'autre parce que, l'enseignement du dessin étant demeuré faible, il en résulte dans les applications à la céramique une défaillance marquée. Au contraire, l'École royale normale de dessin de l'Autriche-Hongrie s'est mise au premier rang par les résultats remarquables qu'elle obtient, par les moyens judicieux et logiques qu'elle emploie, par ses procédés d'exécution simples et larges.

Au même ordre d'idées, qui tend à améliorer l'exécution industrielle, appartient la fondation de l'*Union centrale des beaux-arts appliqués à l'industrie.* Cette société arrive au même but en suivant une marche opposée. Tandis que l'école doit conduire pas à pas l'ouvrier artiste des études élémentaires au travail de l'art industriel supérieur, l'*Union centrale* se place au point d'arrivée et présente à tous la collection des chefs-d'œuvre industriels pour susciter des vocations. Elle réalise un vœu formulé depuis près d'un siècle et qui est devenu tout à coup général le jour où l'on a constaté le besoin absolu pour l'industrie française d'une création de cette nature, sous peine de mort.

Le mot n'est que l'expression de la vérité absolue. Notre exportation était compromise et des chiffres éloquents le démontraient. Il avait été établi, devant des hommes compétents, que, l'art aidant, nos produits s'exportaient chaque année en plus grand nombre; que, l'art étant négligé, notre fabrication se voyait dépréciée et notre exportation baissait immédiatement. L'Angleterre réduisit ces faits en axiomes, décida qu'elle lutterait contre nous en développant l'art chez elle; elle y réussit assez bien pour que la somme des produits exportés montât de 445 millions en Angleterre pendant qu'en France elle baissait de 68 millions. L'Exposition de 1867 avait servi de date à ces faits historiques : c'est vers cette époque que l'on publia en Europe la décadence de notre fabrication.

On comprend l'opportunité des déclarations déjà faites à ce moment par l'*Union centrale des beaux-arts,* qui prit à cet égard des résolutions écrites en ces termes dans ses statuts :

« Afin d'entretenir en France la culture des arts qui poursuivent la réalisation du beau dans l'utile;

« Afin d'aider aux efforts des hommes d'élite qui se préoccupent

des progrès du travail national, depuis l'école et l'apprentissage
jusqu'à la maîtrise;

« Afin d'exciter l'émulation des artistes dont les travaux, tout en
vulgarisant le sentiment du beau et en améliorant le goût public,
tendent à conserver à nos industries d'art, dans le monde entier,
leur vieille et juste prééminence aujourd'hui menacée;

« Espérant beaucoup de la puissance de l'initiative privée, des
sympathies de la presse et de la bienveillance du Gouvernement,

« La Commission décide :

« ARTICLE PREMIER. Elle fonde à ses risques et périls l'*Union centrale des beaux-arts appliqués à l'industrie* et prend elle-même le
titre de *Comité d'organisation.*

« ART. 2. L'institution, fondée au centre de la fabrique de Paris,
comprendra :

« 1° Un musée rétrospectif et contemporain;

« 2° Une bibliothèque d'art ancien et moderne, où le travailleur
sera au besoin aidé dans ses recherches;

« 3° Des cours spéciaux, des lectures et des conférences publiques, ayant rapport à l'art appliqué, et des entretiens familiers de
nature à propager les connaissances les plus essentielles à l'artiste
et à l'ouvrier qui veulent unir le beau à l'utile;

« 4° Des concours entre les artistes français et entre les diverses
écoles de dessin et de sculpture de Paris et des départements;

« 5° Des expositions de collections particulières présentant à
l'étude de belles applications de l'art à l'industrie. »

L'action exercée par de pareilles institutions est infinie et s'étend
à l'industrie, aux écoles, à l'enseignement des sciences, à la construction des appareils. L'Exposition a donc vu venir à elle ces nombreuses variétés d'auxiliaires : les uns, comme M. Ranvier, apportant des modèles économiques; les autres, comme M. Bougueret,
rédigeant tout le projet d'un cours de dessin géométrique, avec
beaucoup de précision et un réel talent.

Au milieu de cette affluence de perfectionnements pratiques,
le public et le Jury ont posé la question : l'art industriel est-il
l'art tout entier? Non, répondent les philosophes, et, vous-

mêmes, ajoutent-ils, vous avouez qu'il y a une différence radicale entre l'art et l'industrie. S'appuyant sur les déclarations des patrons de l'art industriel qui ne veulent pas laisser leurs élèves s'infatuer et se croire des artistes proprement dits, ils rappellent que dans l'école il faut faire la place à l'art même, à l'art pur. Cette pensée, combattue dans toutes les dernières expositions, avait un représentant naturel dans la personne de M. Ravaisson qui a publié pour l'enseignement une collection des *Classiques de l'art* et qui a réclamé le droit d'exposer lui-même les opinions qui l'ont dirigé.

M. Ravaisson a été entendu par le Jury au sujet de la collection des *Classiques de l'art*, dont l'idée est antérieure aux débats actuels. Il a rappelé la pensée qui a donné naissance à cette collection. De même qu'il existe, dans l'enseignement, des classiques de la littérature, c'est-à-dire des modèles que l'on propose à la jeunesse parce qu'ils offrent un mérite hors de toute contestation, de même il est naturel de présenter à leurs yeux des chefs-d'œuvre qui ne se discutent pas. Il est donc utile de reproduire pour l'usage de l'enseignement les meilleures pages des artistes supérieurs. Mais deux conditions s'imposent à une pareille entreprise : le choix de types irréprochables au point de vue du goût et la reproduction parfaite de ces types. Il fallait donc chercher dans toutes les collections du monde les chefs-d'œuvre les plus purs et les plus susceptibles de servir à l'enseignement, sans y introduire aucun élément d'erreur; or, on trouve difficilement des interprètes et des reproducteurs fidèles : il a fallu s'adresser à la photographie, laquelle, si on l'emploie bien et si on la dirige, garde une fidélité que le dessinateur ne peut pas nous garantir.

C'est en exécution de cette pensée que l'on a composé les premières reproductions photographiques des *Classiques de l'art*, celles qui ont figuré déjà dans les expositions antérieures. Deux défauts ont été signalés : d'abord le prix élevé des épreuves, ensuite leur peu de stabilité, car la photographie s'altère facilement. On a alors transformé le système au moyen de la phototypie qui a permis tout à la fois d'employer une encre inaltérable et d'atteindre le bon marché nécessaire. Malgré cela, l'auteur de la collection ne se dissimule pas la méfiance dont la photographie, ou tout ce qui procède d'elle, est encore l'objet lorsqu'il s'agit d'art pur. Il répond simplement aux objections nées de ce sentiment, qu'il ne faut point confondre la photographie à ses débuts avec celle qui existe aujourd'hui, et que la preuve de cette différence est dans ce fait connu de tous que la science l'emploie pour la reproduction exacte des choses. Bien conduite, la photographie donne la représentation des formes avec une fidélité parfaite.

Une objection ou plutôt une question beaucoup plus délicate s'est élevée sur le mode d'emploi de ces modèles artistiques et sur la possibilité de les approprier à l'enseignement des écoles. M. Ravaisson va au-devant de l'observation qui lui est faite par le président du Jury, en ce sens, lequel admet qu'un pareil album forme un excellent répertoire pour les professeurs d'esthétique, mais regrette qu'on ne puisse pas l'utiliser immédiatement quand on s'adresse à la population des écoles primaires ou moyennes. M. Ravaisson reconnaît tout le premier qu'il y a certainement une méthode à trouver pour graduer les représentations élémentaires des beaux modèles, et un enseignement à développer, qui contienne les indications théoriques de la manière de comprendre ces modèles. Mais il ne renonce pas pour cela à la conviction que l'enfant peut et doit être mis de bonne heure en présence du beau.

Du reste, il est utile, dans ce débat, de respecter l'expression même de l'auteur et son texte, que nous pouvons donner ici, puisque M. Ravaisson nous l'a communiqué sous la forme d'une brochure intitulée bravement *L'Art dans l'école.*

« Dans nos cadres d'instruction primaire, dit-il, à part une petite place faite au chant, et une autre, parmi les matières facultatives, au dessin d'imitation placé à la suite du linéaire, on ne voit rien qui témoigne qu'on ait voulu que la considération de ce qui est beau ou laid fût pour quelque chose dans l'éducation populaire, et que les classes laborieuses fussent initiées, même dans une faible mesure, aux éléments du goût et à ceux de l'art. L'éducation populaire, chez les modernes, est constituée presque tout entière d'un point de vue d'utilité matérielle mal entendue, comme si pour les classes laborieuses, vouées à des travaux de nécessité, l'instruction devait consister uniquement à fournir les moyens de s'en acquitter d'une manière plus fructueuse, et comme si, pour atteindre ce but même, on n'avait que faire d'art et de goût.

« S'il est vrai que chez les enfants, et chez ceux du peuple surtout, l'imagination devance la raison, n'en résulte-t-il pas non seulement qu'il devrait être fait à la culture de l'imagination, dans l'instruction primaire, une place qu'elle n'y a pas, mais encore que cette culture devrait y être mise en première ligne? Puis, s'il est vrai que rien n'a plus d'attrait pour l'imagination que ce qui est beau, de sorte que ce sens du beau qu'on appelle le goût est ce qui est le plus propre à la susciter et à la cultiver, ne faut-il pas accorder que la première place devrait appartenir, et dans tout système d'instruction et dans l'instruction primaire surtout, à la poésie et à l'art?

« Pourquoi l'éducation moderne, au lieu de se laisser envahir presque entièrement par un prétendu utilitarisme qui laisse sans culture les facultés d'où les autres devraient recevoir l'impulsion, pourquoi ne s'inspirerait-elle pas à cet égard de la tradition antique? Par là serait résolu ce grand problème dont les systèmes pédagogiques modernes, depuis Rousseau et Pestalozzi, n'ont donné qu'une solution insuffisante, c'est-à-dire la question de savoir comment intéresser l'enfant aux études, et spécialement l'enfant des écoles populaires.

« S'il est vrai que l'enfant s'intéresse à ce qu'il fait, est-il vrai qu'il ne s'intéresse à rien d'autre? Loin de là : il s'intéresse aussi, et davantage encore, à ce qui lui apparaît comme éminemment beau et gracieux. Si donc c'est le grand secret de l'éducation de faire en sorte que ce qu'il s'agit d'apprendre, on s'y intéresse et on l'aime, le secret de l'éducation est de présenter les choses à l'élève sous l'aspect et avec les attraits de la beauté. Si l'on a pu dire (*La Philosophie au xixᵉ siècle*, p. 132) que la beauté est le mot de l'univers, on peut dire avec non moins de vérité que la beauté est le mot de l'éducation...

« Ce qui sert dans tous les métiers comme dans toutes les occurrences de la vie, c'est ce que Léonard de Vinci appelait le bon jugement de l'œil. C'est l'œil, en effet, dit ce grand maître, qui a trouvé tous les arts, depuis l'astronomie jusqu'à la navigation, depuis la peinture jusqu'à la menuiserie et la serrurerie, depuis l'architecture et l'hydraulique jusqu'à l'agriculture. Aussi, dans tous les arts, voir juste et vite est ce qu'il y a incomparablement de plus utile.

« Or, ce qui doit être inscrit en première ligne dans le programme de toute école populaire, c'est l'étude de l'art la plus propre à cultiver et perfectionner le goût, c'est l'étude du dessin de la figure humaine; ajoutons encore : d'après des modèles qui la représentent dans toute la perfection dont elle est susceptible et avec tout le charme de la plus excellente beauté.

« Nous ajouterons, en dernier lieu, que, s'il convient d'introduire ou plutôt de rétablir l'art dans l'école, ce n'est pas seulement pour procurer le meilleur et le plus complet développement des facultés de l'esprit, et pour préparer le mieux possible à l'exercice des professions manuelles auxquelles serviront pendant toute la vie ces facultés dans le cours des heures de travail, c'est encore pour préparer au meilleur emploi des heures du loisir. »

La discussion, on le voit, est de nature à intéresser vivement tout le monde. Le jury y a prêté une attention extrême, et, après avoir écouté et approuvé les opinions qui militent en faveur des méthodes nouvelles d'enseignement, des méthodes élementaires et industrielles, il a pu, sans se contredire, faire aussi leur part aux réclamations élevées en faveur de l'art pur. En effet, ce sont deux routes différentes; mais il n'y a aucune impossibilité à tenir compte des deux vérités qui ne s'opposent qu'en apparence. Pour notre part, nous avons demandé ceci : que les murs de nos lycées se couvrent des grands modèles de l'art vrai, de manière à habituer l'œil de l'enfant à l'intelligence des chefs-d'œuvre; et que dans l'étude progressive du dessin, on parte de la copie des choses mêmes au lieu de partir de la copie de l'estampe. Cette opinion a prévalu, et sans nous flatter d'avoir convaincu personne, nous sommes certains d'avoir rappelé la vérité simple et impartiale, qui survit toujours aux débats de cette nature.

La musique, à l'Exposition, n'a pas offert l'aspect militant du dessin, et, quoique l'époque actuelle soit engouée de théories boiteuses qui mettent aux prises la mélodie et l'harmonie, quoique l'on se fasse un jeu quotidien de confondre la science musicale (c'est-à-dire ce qui est la condition de la musique) avec l'art musical (c'est-à-dire avec le beau qui est le dernier but), néanmoins ce n'est pas de ce côté qu'est venue la difficulté. Le Jury n'a été embarrassé que du nombre toujours croissant des œuvres et des méthodes. Fidèle à son principe, il a renoncé, dès le premier jour, à exécuter un travail d'appréciation individuelle qu'il a confié à deux experts fort distingués, MM. Vervoitte et Oscar Comettant, mais il ne s'est pas engagé à rédiger ici un rapport esthétique et complet. Ces juges exercés, qui se sont trouvés d'accord dans leurs conclusions, ont suffisamment éclairé le Jury pour qu'il puisse, sans s'aventurer au delà de ses limites, récompenser des auteurs et des éditeurs s'appuyant sur des actes, c'est-à-dire sur des publications.

Au premier rang des éditeurs qui ont excité notre attention se plaçait M. Heugel. Non seulement ses publications forment un monde de musique, une bibliothèque de l'art, mais encore elles sont conçues dans un esprit qui révèle un souci véritable de l'éducation musicale. La plupart forment des groupes de volumes complets. La collection de la *Maîtrise*, la collection des *Classiques Marmontel*, sont des armées. L'histoire y a sa place à côté de la mode d'aujourd'hui ; l'étude véritable est alimentée par des séries d'œuvres étagées comme tout exprès. Les *Clavecinistes* présentent à celui qui travaille un champ de travail et d'observations. En outre, l'enseignement proprement dit, depuis l'A B C jusqu'aux études d'élite qui préparent les prix de Rome, est comme desservi, d'âge en âge et de degré en degré, pas un échafaudage continu de leçons et de méthodes dont la gradation s'expose aux regards les plus inexpérimentés. Les *Tableaux de lecture musicale*, les *Solfèges élémentaires* et les *Solfèges classiques du Conservatoire*, les *Exercices* de M. Mathis Lussy, ouvrent la série. On passe ensuite aux études de méthode, de transcription, de chant, qui sont signées par Marmontel, Stamaty, Biset, Thalberg, Godefroid, Amédée Méreaux, Duprez, Alary, Damoreau-Cinti, pour ne s'arrêter que devant la musique dramatique, monde nouveau s'ouvrant au delà de l'école. La maison Heugel méritait, on le voit, la haute distinction qui lui a été offerte.

Parmi les auteurs proprement dits, M. Mathis Lussy, que nous venons de citer, a particulièrement attiré l'attention du Jury, comme d'ailleurs celle de l'Institut, qui a couronné son travail presque à la même époque. M. Lussy a entrepris de ramener *l'expression musicale* à une théorie scientifique. Cette fois on trouve réunis dans leur proportion et leur rôle l'art et la science. Il y a une diction musicale qui ne dépend ni du caprice de l'exécutant, ni des qualités particulières de son organe ou de son instrument : elle est en rapport direct avec les phénomènes que l'analyse peut saisir et déterminer, et avec la loi qui domine ces phénomènes. On peut sentir la phrase et la définir mathématiquement : c'est de l'esthétique positive, et surtout intelligible ; condition importante du travail, car il faut, pour ramener au vrai l'exécutant et forcer, par exemple, le chanteur à respecter le sens ou à donner l'accent juste de cette langue spéciale, lui faire comprendre sans ambages la psychologie de cette étude. En un mot, il faut être didactique avec simplicité, parler au nom de l'expérience et de l'observation. Un jour viendra où la musique sera reliée à la philosophie, comme elle l'est depuis longtemps à la physique. M. Lussy, qui a écrit la première page de cette science nouvelle, méritait que son œuvre restât attachée par une récompense aux souvenirs de 1878.

Nous ne pouvons rien pour le nom depuis longtemps célèbre de la méthode Chevé, qui a joué un grand rôle dans la pédagogie musicale et que tant de succès ont couronnée. Mais l'exposition de l'école Galin-Paris-Chevé, qui forme une bibliothèque d'enseignement, ne saurait être passée sous silence. Doctrines, questions de procédés, système d'écritures, publications vocales, manuels, méthodes, études du rythme et de l'intonation, tous ces travaux, signés de M. et Mᵐᵉ Émile Chevé, de M. Aimé Paris, de MM. Pierre Bas, A.-M. Perraud, Louis Périn, Montlezun, Alfred Fournier, etc., viennent attester l'activité féconde d'une école qui a fait de la musique la langue de tous.

Dans un ordre voisin, le Jury a cru devoir signaler le *Compendium musical de l'instituteur*, ouvrage écrit par M. Lebel, dans une province où il doit trouver plus d'élèves que de soutiens. Vulgariser la musique par l'enseignement est le but de sa vie; la voir entrer dans les usages comme partie intégrante de l'éducation nationale est son espérance; et, pour apporter son concours à l'entreprise, il entreprend, dans le pays où il se trouve, de rédiger un cours gradué, qui élève de proche en proche l'enfant ou l'adulte des études élémentaires jusqu'aux sommets. Pour lui il n'y a qu'un même livre quand on parle de musique, celui qui fait de l'exemple une théorie et de la théorie une idée immédiatement appliquée.

On n'a pas dédaigné de s'occuper des moindres travaux relatifs à l'enseignement musical, mais on n'a pas pu, à moins d'écrire un volume entier sur le sujet, les soumettre à une analyse comparative, surtout quand on voyait surgir à l'horizon tous les musiciens étrangers, parmi lesquels il y avait des hommes aussi distingués que le maestro Rossi, directeur du Conservatoire de Naples, et que M. Giavonni Mori, professeur au même conservatoire. Cependant bien des notes avaient été prises sur une foule d'œuvres, par exemple, sur les études considérables de M. Hanon, adoptées par le Conservatoire royal de Bruxelles, sur le solfège universel de M. Artaud, sur les publications de M. Alphonse Leduc, et même sur les études modestes et excellentes que nous présentait timidement Mlle de Pierpont.

ÉDITEURS ET LIBRAIRES.

L'immense influence exercée par les éditeurs sur l'enseignement, la transformation opérée dans la publication des classiques, la joute même établie entre de puissants libraires pour se disputer la faveur des écoles, ont fait des grandes maisons de librairie des auxiliaires singulièrement importants de la science, des lettres et des arts.

Les livres exposés à nos yeux n'étaient pas seulement des objets de commerce qui, sous cet aspect, ne nous regardaient pas. C'était une partie visible de l'histoire de l'enseignement dans le monde entier; à ce titre ils méritaient mieux que ce qu'on a pu faire en quelques mois; à ce titre aussi, leurs expositions faisaient suite à la bibliothèque du corps enseignant produite par le Ministère de l'instruction publique.

Parmi les éditeurs paraissait, au premier rang des modernes, la vaste maison Hachette; mais elle ne faisait pas oublier la maison séculaire des Didot, une dynastie qui a le culte des éditions classiques et savantes; ni la maison Delalain, autre dynastie, dont le travail constant et la haute loyauté ont lié le sort à la fortune même de l'Université, et qui garde les honorables traditions de ses fondateurs. Le Jury, certain de mécontenter tout le monde, dans la région de la librairie, puisqu'il ne pouvait pas s'engager dans le rôle de la justice absolue en comparant un à un les livres et les auteurs, depuis le plus humble jusqu'au plus considérable, s'est déterminé à formuler peu de critiques puisqu'il donnait peu de récompenses. Cependant il a dû indiquer quelquefois des *desiderata* essentiels à telle maison qui n'a pas abordé le terrain scientifique, à telle autre qui réimprime, avec des têtes de clou, des ouvrages usés.

Il a salué au contraire la hardiesse des éditeurs qui suivent et quelquefois précèdent le mouvement des études et les changements de méthodes. La maison Dezobry, devenue la maison Delagrave, s'est fondée sur le terrain de l'enseignement à l'heure où la place semblait prise et elle a groupé autour d'elle une phalange d'écrivains, les uns célèbres, les autres plus désireux d'enseigner et de publier de bons livres d'enseignement que de briguer la gloire littéraire. Dans les trois branches de l'instruction, la maison Delagrave a beaucoup osé. Aujourd'hui elle se présente avec un si riche bagage que l'on ne peut nommer un de ses auteurs sans faire injustice à tous les autres. Néanmoins j'en citerai un seul, précisément parce qu'il est un peu en dehors de l'enseignement proprement dit et parce que son ouvrage donne une idée de la rapidité d'exécution des éditeurs universitaires à notre époque. M. Clovis Lamarre, au moment où l'Exposition de 1878 s'est annoncée, a conçu le plan d'une série d'ouvrages embrassant tous les pays et l'exposition de chaque pays. Arriver à temps semblait une gageure. Il est arrivé à temps; non seulement il a apporté une description de chaque section du Champ de Mars, mais encore il y a ajouté une histoire fort bien faite de chaque nation, et cela monte à vingt volumes.

Au milieu du mouvement de la publicité scolaire, le Jury a suivi spécialement et détaché de l'ensemble la série des œuvres qui se rapportent aux réformes récentes, à l'enseignement, par exemple, des sciences appliquées, de la géographie, des langues vivantes.

Sur ce dernier point, il a remarqué les publications de la maison Fouraut, dirigée depuis longtemps avec une habileté patiente par un éditeur qui nous a rendu sans bruit de solides services. M. Fouraut présente une bibliothèque cosmopolite pour l'enseignement des langues vivantes et, à côté de ces publications, il a exécuté une fort nouvelle édition des extraits des *Classiques* français, allemands et anglais, qui formera une histoire des littératures, avec pièces à l'appui.

La maison Belin s'est créé par un long travail, auquel elle a associé des professeurs éminents, une large place dans la librairie classique. Des dictionnaires importants, des recueils bien faits, des traductions et des grammaires qui supposent un labeur soutenu, lui auraient valu une récompense de premier ordre si la partie scientifique eût été chez elle à la hauteur de la partie littéraire.

Le mouvement général et le travail de la librairie scolaire sont représentés assez publiquement dans la vie de tous les jours pour que nous regrettions moins de ne pas pouvoir analyser le catalogue des éditeurs dont l'exposition est d'ailleurs permanente.

Une seule maison n'est pas dans les conditions de toutes les autres, la maison Jourdan, à Alger. On ne la voit pas, et c'est regrettable, car elle est le rendez-vous d'écrivains très distingués et le foyer d'une activité qu'on ne soupçonne pas de loin. Pour l'étude des langues et surtout de l'arabe, elle offre le spectacle curieux d'une usine féconde et tout intellectuelle. On y rencontre l'érudit géographe Mac Carthy qui a oublié de faire valoir ses propres ouvrages pour présenter les beaux manuscrits du palais Mustapha; le vaillant interprète Féraud, aujourd'hui consul et auteur du livre intitulé : *Les Interprètes de l'armée d'Afrique;* nos jeunes professeurs d'arabe, nos missionnaires scientifiques; bref, un monde de travailleurs.

Nous aurions voulu que les grandes et anciennes maisons de librairie, au lieu de nous envoyer seulement des livres et des catalogues, eussent rédigé franchement leur propre histoire, qui tiendrait, dans l'exposé de l'histoire du siècle, une place analogue à celle des Alde Manuce et des Estienne. On aurait placé en regard des éditeurs français les éditeurs puissants de l'Allemagne, de l'Angleterre, de l'Autriche, de la Haute-Italie. Tout le monde aurait profité de la comparaison. Il y a, par exemple, en Autriche un admirable travail pour la vulgarisation des sciences qui se fait chez Lenoir et Foster, des reproductions de dessins industriels très réussies, des magasins et musées scolaires complets, enfin d'admirables tableaux, sur toile inaltérable, représentant les aspects classiques de Rome, d'Athènes et de l'Orient. Nous souhaitons que dans la prochaine exposition chaque grand éditeur résume son œuvre au risque de plaider *pro domo sua.*

C'est ce qu'a fait la maison Hachette, en partie du moins, dans une brochure qu'il faut citer pour expliquer mon dire :

« Le fondateur de notre maison avait eu d'abord l'intention de suivre la carrière du professorat. Frappé par la mesure qui supprima, en 1822, l'École normale supérieure, il entreprit de fonder une librairie classique et prit pour devise : *Sic quoque docebo*. Ses successeurs n'ont rien eu plus à cœur que de rester fidèles à cette tradition, et ils ont eu le bonheur de voir l'œuvre de Louis Hachette grandir entre leurs mains, sans qu'elle perdît rien de son caractère original.

« Nos livres classiques prennent l'enfant dans les salles d'asile et l'accompagnent dans le cours entier de ses études de collège. Nos ouvrages de vulgarisation suivent l'homme fait dans le monde, et nos livres de haute érudition peuvent le conduire jusque dans le domaine de la science la plus élevée.

« Nous avons publié pour l'enseignement primaire des ouvrages qui ont été adoptés dans un grand nombre d'écoles, donné de bonnes éditions classiques aux élèves des lycées et des textes savamment commentés aux professeurs; aux uns et aux autres des lexiques qui ont ouvert l'Institut à leurs auteurs (MM. Alexandre et Quicherat). Nous avons publié des volumes correspondant à toutes les divisions du programme de l'enseignement spécial, et devancé, par nos publications, le mouvement qui allait entraîner les esprits du côté des langues vivantes et de la géographie.

« Nous ne sommes pas restés moins fidèles à notre devise en dehors de la librairie classique proprement dite : notre collection de *Grands dictionnaires*, si précieuse pour tous les travailleurs; les *Ouvrages de vulgarisation*, qui tiennent une si grande place dans notre catalogue; nos éditions des *Grands écrivains de la France*; notre *Bibliothèque populaire*; la série de nos *Guides et itinéraires* elle-même, conçue et rédigée de façon à laisser dans l'esprit des touristes autre chose que le souvenir des bons hôtels et du tarif des chemins de fer, témoignent de la persévérance avec laquelle nous suivons la voie que nous nous sommes tracée...

« Depuis onze ans les esprits semblent pénétrés, en France, de la nécessité d'améliorer et de répandre l'instruction. On y est devenu aussi soucieux de ce qui se passe, à cet égard, à l'étranger que l'on y était naguère indifférent; on a senti le besoin de renouveler les méthodes d'enseignement primaire et de donner pour base aux études littéraires la critique sévère des textes; l'importance des travaux philologiques a été chaque jour mieux comprise; les langues vivantes ont pris sur les programmes d'enseignement une plus large place; l'histoire a été de plus en plus étudiée dans ses sources; enfin la géographie est devenue l'une des préoccupations dominantes de tous ceux qui s'intéressent à la bonne éducation du pays.

« C'est encore un besoin du jour que cet enseignement intermédiaire, qu'on l'appelle l'*Enseignement spécial* ou l'*Enseignement primaire supérieur*. On sait quelle impulsion un ministre dévoué avec ardeur à sa mission, M. Duruy, s'est appliqué à lui donner dès le début. Notre maison a fait pour cet enseignement nouveau ce qu'elle avait fait naguère, sous le ministère de M. Guizot, pour l'enseignement primaire. Elle a publié depuis 1867 soixante volumes relatifs au seul *Enseignement spécial*.

« La place accordée aux *Langues vivantes* dans nos programmes d'enseignement s'était singulièrement élargie : notre maison, répondant aux indications de ces programmes, a publié, depuis onze ans, quatre-vingts volumes allemands, anglais, italiens, espagnols, arabes même.

« De nos éditions classiques à l'usage des élèves nous ne dirons qu'une chose : nous n'avons cessé d'améliorer les anciennes, et nous avons publié, depuis 1867, une *Nouvelle collection* d'une exécution typographique remarquable et d'un format élégant, qui comprend déjà environ cent volumes. Mais nous avons quelque droit de parler avec plus de détails de notre collection d'*Éditions savantes*, des principaux classiques grecs et latins à l'usage des professeurs.

« Ces éditions affranchissent désormais nos professeurs de l'obligation de recourir aux travaux analogues de nos voisins.

« Notre collection des *Grands écrivains de la France* s'est enrichie, depuis 1867, de vingt volumes. »

Les ouvrages isolés, que les auteurs ont publiés à leurs frais, ont été présentés à l'Exposition en assez grand nombre. Par exemple le *Courrier de Vaugelas*, qui est une histoire de la langue française et qui méritait d'être signalé; M. Martin dirige habilement ce recueil qui a sa place marquée dans les bibliothèques scolaires.

Une singularité qui n'est pas d'hier, mais qu'il faut absolument indiquer ici, c'est la publication de M. Staaff, lieutenant-colonel étranger, qui nous donne le seul recueil complet de *Littérature française* que nous possédions. On ne croira pas que la lumière sur ce point nous vienne de l'étranger; c'est pourtant le fait. Nous possédons des ouvrages de critique qui sont de premier ordre, des recueils de morceaux choisis bien annotés, mais la suite entière des œuvres et des noms de nos écrivains est là seulement; aussi le Jury a-t-il voulu retenir le titre du livre, sans prétendre l'apprécier, et il a donné à M. Staaff, non pas une récompense, mais une place dans la liste des œuvres remarquables.

La classe 7 avait encore à juger bien des travaux auxiliaires comme ceux qui se rapportent à la sténographie. Elle s'est abstenue parce que cette dernière question ne lui appartient pas plus que celle de la gymnastique et même que celle de la musique. Elle est du ressort des trois classes.

Cependant elle a examiné et apprécié les ouvrages de sténographie, tels que ceux de M. Albert Delaunay, de M. Thierry-Mieg et de quelques sténographes étrangers, méthodes qui peut être devraient tenir beaucoup plus de place dans l'enseignement, surtout si l'on admet que l'élève sérieux prend des *notes* constantes, si l'on va plus loin dans la pratique nouvelle qui consiste à faire moins de devoirs écrits et plus d'explications orales, si enfin la rapidité et la quantité des enseignements exigent une écriture également rapide.

En ce qui concerne la gymnastique, le Ministère de l'instruction publique de France a publié un résumé de ses délibérations à cet égard, résumé qui forme un volume, et auquel il faudrait joindre les traités plus ou moins développés que l'on publie aujourd'hui sur l'équitation et sur les exercices de tir. Le sujet s'agrandit tous les jours et mérite de s'agrandir, car il ne s'agit de rien moins que de la question supérieure de l'hygiène dans l'école, et d'une question plus grave encore, de l'hygiène dans la vie du monde, à une époque comme la nôtre, où l'homme surmène ses nerfs. Aujourd'hui la médecine s'est emparée de la question, quoique l'hygiène bien dirigée n'ait pas d'autre but que de rendre la médecine inutile. On a étudié l'anatomie, les conditions de la croissance, pour adapter à chaque âge les exercices qui lui conviennent. On a réuni aux observations du colonel Amoros et à celles du Suédois Ling des systèmes complets de thérapeutique et de physiologie. On commence à vouloir que le professeur de gymnastique ne soit pas un homme sans éducation : la Suède nous envoie par exemple M. Schenström, *médecin-gymnaste*, officier au service du roi; il devient à Paris le directeur d'un institut médical et expose, dans un travail des plus savants, le rythme progressif des mouvements quotidiens qui détruisent, selon lui, les maladies chroniques. Il rivalise en France avec de fortes maisons françaises, comme le gymnase Paz, qui garde son rang d'ailleurs et figure très bien à l'Exposition.

Cette préoccupation de substituer à la gymnastique brutale l'exercice réfléchi, gradué, proportionné, a conduit à la création de la gymnastique de chambre; et alors c'est le fabricant même d'appareils qui entre en lice. Nous avons sous les yeux le très bon *Traité de gymnastique de chambre hygiénique et médicale à l'usage des deux sexes*, par Ch.-J.-B. Carue. Il parle des cures obtenues par la gymnastique, qui pour lui n'est pas un jeu, ni un exercice secondaire, ni un art sans lois. S'appuyant sur la connaissance de la physiologie, il veut que la fabrication et l'emploi des appareils soient calculés de manière à donner aux organes (comme aussi aux appareils) autant de flexibilité que de force, et, après avoir dit cela dans une préface courte et nette, il donne avec des gravures toute la série des exercices. C'est une véritable méthode, complète et expérimentale. M. Carue, lauréat des Expositions de 1867 et de 1873, méritait que ces distinctions fussent confirmées par le Jury de 1878. S'il pouvait persuader à notre siècle l'emploi tranquille de son tranquille système, s'il guérissait les esprits en guérissant les corps, l'Exposition n'aurait pas d'assez grande médaille pour le récompenser. Ajoutons que chez lui tout ne se borne pas à une théorie; les appareils qu'il fabrique, et dont il fournit l'Europe, viennent vérifier sa doctrine.

CONCLUSION.

A un siècle nouveau il faut un nouvel enseignement.

C'est ce qui explique pourquoi toutes les nations aujourd'hui cherchent à modifier l'économie générale de l'enseignement secondaire. Chacune se dirige par des chemins différents vers ce but unique et déterminé, comme on l'a vu par ce Rapport, incomplet nécessairement et pourtant rempli de tant de propositions diverses. Nous ne sommes pas surpris de ces divergences, qui au contraire révèlent la nécessité de trouver une solution.

Au XVIe siècle, la même nécessité pesait sur la France, si bien que tout le livre de Rabelais est consacré à cette seule question : Faut-il élever l'enfant (qui est destiné à défendre le pays contre l'Espagnol et l'Allemand) d'après la méthode de Ponocrates, c'est-à-dire du pédant qui nous accable de travail, ou d'après celle d'Épistémon, c'est-à-dire au moyen de la vraie science qui est lumineuse et libérale, et qui laisse également au corps et au cœur le temps de se développer? Rabelais se prononce pour la science libérale, celle de Thélémites, ou des gens de libre arbitre. Rabelais se prononce pour la science.

Aujourd'hui la question se renouvelle dans des termes différents, et la réponse doit être la même.

En effet, nos enfants sont accablés de travail. Tandis que les années marchaient, un double accroissement venait déranger l'équilibre de l'enseignement secondaire : l'accroissement du nombre des élèves et l'accroissement des matières à enseigner. Aux anciennes doctrines se joignaient des études nouvelles de science, d'histoire, de langues, de technologie; et l'école, à qui l'on reproche de n'avoir pas progressé, progressait trop, puisqu'elle essayait de faire entrer dans le même cadre et dans les mêmes heures des cours incessamment doublés.

La solution du problème est la même qu'au temps de Rabelais :

sans rien supprimer, on doit abréger et vivifier l'enseignement, mettre Épistémon à la place de Ponocrates, la science et ses principes à la place des enseignements trop chargés et trop successifs. C'est la *méthode* qui résoudra les difficultés, c'est-à-dire l'art supérieur d'enseigner le vrai et de le rendre éclatant, au lieu de multiplier les détails pédantesques. Il faut substituer, par exemple, à la casuistique grammaticale le génie même des langues, leur expression littéraire, leur caractère pittoresque et vivant. Mais je dois m'arrêter ici et ne pas essayer de donner un programme qui réclame le concours de beaucoup d'esprits éclairés. C'est assez d'indiquer le point qu'il faut viser et de marquer, d'après les expériences qui viennent d'être faites, le chemin qui nous reste à parcourir.

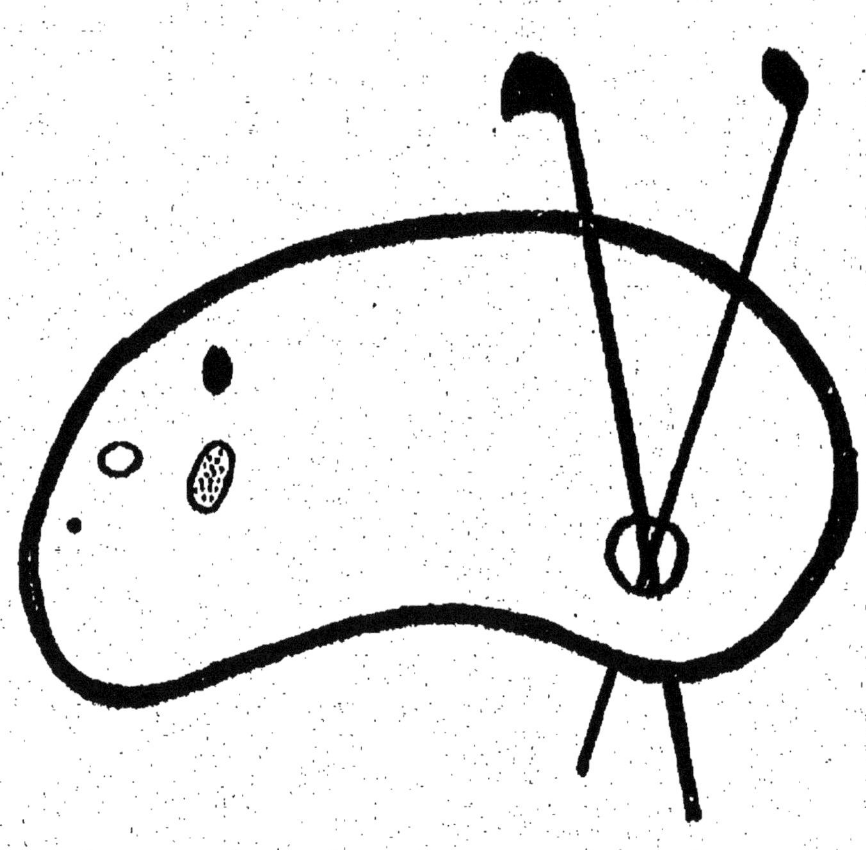

ORIGINAL EN COULEUR
NF Z 43-120-8